は じ め に

　譲渡所得税の取得費の算定に当たって，物件の取得時の売買契約書を紛失している場合，一律に譲渡価額の5％（概算取得費）としてよいであろうか。

　実務上，取得費が不明である場合にゼロ円とするわけにもいかないため，取得時期がいつであるかにかかわらず，契約書がないということのみで5％としているケースは少なくない。

　そこでまず第1章では，取得費としての「資産の取得に要した金額」とはどのような内容であるのか，どのような条文構成となっているのかを確認した。所得税の取扱いにおいては，売買契約書がないなど取得費が明らかでない場合は，昭和27年12月31日以前に取得した土地建物は譲渡価額の5％を取得費とすることが定められている。ところが，昭和28年1月1日以後に取得した土地建物については法令上の定めがないことが分かる。

　例えば，令和の時代に宅地を5,000万円で売却したとする。その土地は10年前に第三者間の正常な取引条件の下で購入しているが売買契約書を紛失しているため証明できない，といったケースである。そこでは，売買契約書や建築請負契約書といった取得費を直接的に証する資料がないことにより，本来は取得費はゼロであるが5％とすることで納税者の利益となると考えるべきであろうか，それとも一律5％で購入したものとして取り扱うことに疑問を持つべきであろうか。

　第2章において，「資産の取得に要した金額」を導き出すために考えられる証拠資料の種類について検討する。そこでは，必ずしも売買契約書によらなくとも，「取得に要した金額」を間接的に証する資料，例えば購入時の通帳や借入金の有無，当事者の領収書や帳簿書類，販売時の広告などを積み上げていくことにより合理的に取得費を推定することができることが分かる。

　その1つとして，市街地価格指数による土地の取得費の推定方法がある。市街地価格指数による推定は，平成12年裁決をメルクマールとして認められている，ということが独り歩きしているが，基本的に市街地価格指数はマクロ統計によるものであり，実際の取得費を表すものではないということに留意しなければならない。

　一方で，市街地価格指数が否認されている事例があるということもいわれていることであるが，これは主として，納税者に立証責任が求められる更正の請求において，指数による更正の請求はマクロ統計によるものであるため立証責任を果たすも

のではないとされていることを念頭に置く必要がある。

　そこで，第3章では土地の取得費が不明な場合，第4章では土地と建物が一括で売買が行われた場合において，実際に取得費の算出方法が争われた裁判例・裁決例を確認しておきたい。筆者が知る範囲において，納税者が当初から推定取得費として用いた市街地価格指数に対して，明確にこれを否定した事例は見受けられなかった。

　最後に，全国的な各地域で市街地価格指数を用いた場合の具体例を挙げておく。地価は金額の多寡はあれど年間推移は全国的に同様の傾向にあることが分かる。土地の価格は，昭和20～30年代においては現代と比較して5％前後の水準であったであろう。しかし，昭和40年から昭和50年にもなれば地価は現代と同水準になる。昭和60年後半代から平成にかけてのバブル期においては，かなりの高水準となっていることは周知の事実であり，データからも読み取れる。あくまでも市街地価格指数による推定は実際の「取得費」ではないことからその活用を推奨するものではない。ただし，当たらずといえども遠からず実態を表しているものと感じられる。

　なお，課税実務においては，理論上，1つの売買について誰が計算しても譲渡所得及び税額は同じにならなければならない。A税理士に依頼したら概算取得費に基づき譲渡所得を計算し，B税理士に依頼したら推定取得費に基づき譲渡所得を計算したのであれば，同じ物件であるにもかかわらず税額がそれぞれ異なってしまうことは課税の公平の観点から問題がある。しかし，実際は概算取得費に基づいて計算を行うケースもあれば，合理的な推定方法により推定取得費を用いるケースが生じているのも事実である。

　いずれにおいても，売買契約書や建築請負契約書を紛失している場合であっても，より実態を表す譲渡所得の算定のためには，購入時の通帳や借入金の有無，当事者の領収書や帳簿書類，販売時の広告など取得に要した金額を裏付ける資料を総合的に勘案して合理的な推定価額を検討する必要がある。

　本書が合理的な推定価額の算出のための参考となり，より実態を表す譲渡所得の算定につながれば幸いである。

　最後となったが，本書が刊行できたのも税務経理協会の代表大坪克行氏，編集部中村謙一氏のご尽力によるものでありこの場を借りて御礼申し上げたい。

令和7年3月

税理士　風岡　範哉

CONTENTS

はじめに

第 1 章　譲渡所得と取得費

---

1 譲渡所得の概要 ………………………………………………… *2*

1　譲渡所得の計算 ……………………………………………… *2*

2　収入金額 ……………………………………………………… *13*

3　取得費 ………………………………………………………… *15*

4　譲渡費用 ……………………………………………………… *17*

2 取得費の取扱い ………………………………………………… *19*

1　所得税法の定め ……………………………………………… *19*

2　租税特別措置法の定め ……………………………………… *22*

3 建物の取得費 …………………………………………………… *27*

1　事業に使われていた場合 …………………………………… *27*

2　事業に使われていなかった場合 …………………………… *27*

第 2 章　取得費が不明な場合の取扱い

---

1 取得日の確認 …………………………………………………… *32*

2 契約書を紛失した場合の取得費の算出方法 ……………… *37*

1　契約書以外の資料にはどのようなものがあるか …………… *37*

2　通帳等から確認 ……………………………………………… *38*

3　ローンの借入額から推定する ………………………………… *39*

4　当時の広告等から推定する方法 ……………………………… *41*

5　公的評価を用いて推定する方法 ……………………………… *43*

6　市街地価格指数を用いて推定する方法 ……………………… *47*

7　総合的判断 ……………………………………………………… *55*

第**3**章　土地の取得費をめぐる裁判例・裁決例

1　**市街地価格指数が採用された事例** ……………………………… *60*

1　課税庁が譲渡価額に指数を適用した事例 ……………………… *60*

2　国税不服審判所が基準地価格に指数を適用した事例 ……… *66*

2　**当初申告における市街地価格指数が否認された事例** ……… *72*

1　昭和 27 年以前から所有していた土地建物 …………………… *72*

3　**更正の請求において市街地価格指数が採用されなかった事例** … *78*

4　**市街地価格指数以外の方法による推定** ……………………… *98*

1　課税庁による概算取得費が採用された事例 ………………… *98*

2　納税者及び課税庁による公示価格を用いた推定が採用されなかった

事例 ……………………………………………………………… *100*

3　宅建業者である売主の資料による価額が採用された事例 ……… *103*

4　証言・記憶に基づく更正の請求が認められなかった事例 ……… *107*

5　**取得時の時価と実額取得費との相違** ……………………… *114*

1　取得時の時価が推定できても実際の取得費と限らないとされた

事例 ……………………………………………………………… *114*

6　**裁判例・裁決例からみる適用ポイント** ……………………… *118*

1　市街地価格指数の意義 ………………………………………… *118*

2　市街地価格指数を用いた推定の留意点 ……………………… *118*

3　取得時の売買は客観的な価格で行われたことが前提 ················ *119*

　　4　市街地価格指数を用いた更正の請求 ································· *120*

　　5　他の実額取得費との併用の可否 ···································· *123*

第4章　土地と建物の取得費をめぐる裁判例・裁決例

■1■　土地と建物を一括取得した場合の取得価額の区分 ············· *126*

　　1　土地と建物の一括取得 ·· *126*

　　2　土地と建物を一括取得した場合の取得価額の区分 ·················· *127*

■2■　土地及び建物の価額が契約において区分されている場合 ···· *129*

　　1　土地建物の実額取得費による場合 ································· *129*

　　2　建物の購入における消費税が分かる場合 ·························· *130*

■3■　土地及び建物の価額が区分されていない場合 ················· *132*

　　1　建物の標準的な建築価額による取得価額の算定 ···················· *132*

　　2　従来の取扱い ·· *140*

　　3　土地について売買実例価額を基に推計された事例 ·················· *144*

■4■　取得価額が不明な場合 ··· *153*

　　1　取得価額が不明な場合の再算定方法 ······························· *153*

　　2　概算取得費による場合 ·· *153*

　　3　土地について市街地価格指数により推計された事例 ················ *154*

第5章　【地域別】市街地価格指数による取得費の推定

　　1　概要 ·· *166*

　　2　調査対象都市 ·· *166*

3

3	指数の作成 ………………………………………………	*166*
4	用途区分 ……………………………………………………	*167*
5	統計表の分類編成 …………………………………………	*167*

1 全国市街地価格指数 ………………………………………… *176*

2 六大都市市街地価格指数 …………………………………… *179*

3 六大都市を除く市街地価格指数 …………………………… *182*

4 地方別市街地価格指数 ……………………………………… *185*

1	北海道地方市街地価格指数 ………………………………	*186*
2	東北地方市街地価格指数 …………………………………	*188*
3	関東地方市街地価格指数 …………………………………	*190*
4	北陸地方市街地価格指数 …………………………………	*192*
5	中部・東海地方市街地価格指数 …………………………	*194*
6	近畿地方市街地価格指数 …………………………………	*196*
7	中国地方市街地価格指数 …………………………………	*198*
8	四国地方市街地価格指数 …………………………………	*200*
9	九州・沖縄地方市街地価格指数 …………………………	*202*

5 三大都市圏市街地価格指数 ………………………………… *204*

1	東京圏市街地価格指数 ……………………………………	*204*
2	大阪圏市街地価格指数 ……………………………………	*217*
3	名古屋圏市街地価格指数 …………………………………	*223*

6 三大都市圏を除く政令指定都市市街地価格指数 ………… *225*

7 三大都市圏及び政令指定都市を除く県庁所在都市市街地価格
指数 ……………………………………………………………… *227*

8 戦前基準市街地価格指数 …………………………………… *229*

1	全国市街地価格指数 ………………………………………	*229*
2	六大都市市街地価格指数 …………………………………	*230*

【凡例】

本文中で使用している主な法令等の略語は，次のとおりです。

略語表記	法令及び通達等
所法	所得税法
所令	所得税法施行令
所基通	所得税基本通達
措法	租税特別措置法
措令	租税特別措置法施行令
措通	租税特別措置法関係通達

（※）本文中の○○は非公開情報であることを示す。

第 **1** 章

譲渡所得と取得費

　本書のテーマは「取得費」の算定である。そこで，まずは前提となる譲
渡所得とは何か，取得費とは何か，について本章にて確認しておきたい。

1 譲渡所得の概要

1 譲渡所得の計算

(1) 譲渡所得とは

譲渡所得とは，土地，建物，株式，ゴルフ会員権などの資産を譲渡することによって生ずる所得をいう。

ただし，事業用の商品などの棚卸資産や山林などの譲渡による所得は，事業所得や山林所得に該当するため譲渡所得に該当しない。

譲渡所得は，資産を所有していた期間における価値の増加益（キャピタルゲイン）について，売買等によりその資産が所有者の手を離れる（譲渡）のを機会（課税時期）として所有期間中の増加益を清算することを目的として課税するものである。

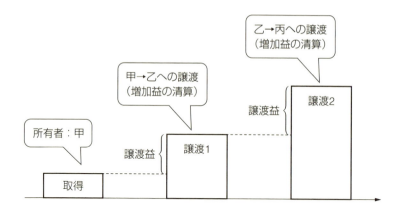

そして，譲渡所得の金額は，次の算式のとおり，譲渡収入金額から取得費及び譲渡費用を控除して計算する（所法33③）。

〈算式〉

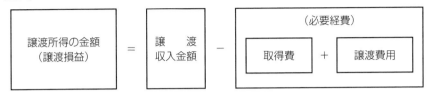

(2) 分離課税と総合課税の区分

　所得税の原則的な課税方法は「総合課税」であり，事業所得，不動産所得，給与所得，雑所得などの所得が合算されて所得税（累進税率）が課税される。

　これに対し，土地や建物，株式を譲渡した場合の譲渡所得に対する税金は，それら所得と分離（分離課税）して計算する。

　なお，土地建物及び株式の譲渡による所得は，「租税特別措置法」の規定による分離課税となり，それ以外の資産の譲渡による所得は，「所得税法」の規定による総合課税である。

○　土地建物及び株式の譲渡による所得
　　⇒　「租税特別措置法」の規定による分離課税
○　上記以外の資産の譲渡による所得
　　⇒　「所得税法」の規定による総合課税

---

(3) 長期譲渡と短期譲渡の区分

　譲渡所得は，所有期間によって長期譲渡所得と短期譲渡所得の2つに区分し，税額の計算も別々に行う。

　長期譲渡所得とは譲渡した年の1月1日において所有期間が5年を超えるものをいい，短期譲渡所得とは譲渡した年の1月1日において所有期間が5年以下のものをいう。

　長期譲渡所得の所得税の税率は15％，短期譲渡所得のそれは30％となり，2倍の差がある。

> ○長期譲渡所得……譲渡の年の1月1日において所有期間が5年を超えるもの
> ○短期譲渡所得……譲渡の年の1月1日において所有期間が5年以下のもの
> （例）平成16年分の譲渡⇒平成10年12月31日以前に取得したものは「長期」となる。

なお，「所有期間」とは，土地や建物の取得の日から引き続き所有していた期間であり，相続や贈与により取得したものは，被相続人や贈与者が取得した日から計算する（所法60①）。

まとめ 分離課税と総合課税

(1) 分離課税（措法31①，32①）
〈意　義〉譲渡所得を他の所得と区分し，原則として譲渡所得だけに特別の税率を適用して税額を計算する課税方法（措法31①，32①）
〈対　象〉土地建物等の譲渡による所得（措通31・32共-1）

　土地等 ⇒ 土地，土地の上に存する権利（借地権，地上権，耕作権など）
　建物等 ⇒ 建物，建物の附属設備（冷暖房設備など），構築物（庭園，塀など）

　（注）1　借家権や鉱業権，温泉権などは，土地建物等には含まれない（措通31・32共-1）。
　　　　2　特定の株式や出資は分離短期一般資産とされることがある（措法32②，措令21④）。

(2) 総合課税（所法33③）
〈意　義〉譲渡所得を給与所得や事業所得などと総合し，一般の累進税率を適用して税額を計算する課税方法（所法22）
〈対　象〉土地建物等以外の資産（株式等を除く）の譲渡による所得（所法33）
　　（例）ゴルフ会員権や借家権など

（4）　長期譲渡所得の計算例

　長期譲渡所得，つまり譲渡した年の1月1日における所有期間が5年を超える土地や建物を譲渡したときの税額の計算は，次のようになる。

　30年前に購入した土地，建物の譲渡価額が1億4,500万円，土地・建物の取得費（建物は減価償却費相当額を控除した後）が1億円，譲渡費用（仲介手数料など）が500万円の場合

(1)　長期譲渡所得金額の計算

　　譲渡価額　　−（取得費　+　譲渡費用）=　長期譲渡所得金額

　1億4,500万円 −（1億円　+　500万円）=　　　4,000万円

(2)　税額の計算

税額=課税長期譲渡所得金額×15％（住民税5％）

① 所得税

　　　4,000万円×15％=600万円

② 復興特別所得税

　　　600万円×2.1％=12万6,000円

③ 住民税

　　　4,000万円×5％=200万円

（注1）平成25年から令和19年までは，復興特別所得税として各年分の基準所得税額の2.1％を所得税と併せて申告・納付する。

（注2）一定の要件に該当した場合には，マイホームを売ったときの軽減税率の特例などの特例を適用することができる。

（参考）国税庁タックスアンサー「No3208　長期譲渡所得の税額の計算」

（5）　短期譲渡所得金額の計算

　短期譲渡所得，つまり譲渡した年の1月1日における所有期間が5年以下の土地や建物を譲渡したときの税額の計算は，次のようになる。

課税短期譲渡所得金額が 800 万円の場合

(1)　短期譲渡所得金額の計算

短期譲渡所得金額＝譲渡価額－（取得費＋譲渡費用）

(2)　税額の計算

税額＝課税短期譲渡所得金額×30 ％（住民税 9 ％）

① 所得税の計算

　　800 万円×30 ％＝240 万円

② 復興特別所得税の計算

　　240 万円×2.1 ％＝50,400 円

③ 住民税の計算

　　800 万円×9 ％＝72 万円

（注）平成 25 年から令和 19 年までは，復興特別所得税として各年分の基準所得税額の
　　 2.1 ％を所得税と併せて申告・納付することになる。

（参考）国税庁タックスアンサー「No3211　短期譲渡所得の税額の計算」

（6）　資産の「取得の日」とは

①　原則

長期・短期の判定における資産の「取得の日」は，次による（所基通 33-9）。

(1) 他から取得した資産については，譲渡所得の基因となる資産の「引渡しがあっ
　　た日」による。ただし，その資産の取得に関する「契約の効力発生の日」による
　　こともできる。

(2) 自ら建設，製作又は製造（以下「建設等」という）をした資産については，当
　　該「建設等が完了した日」とする。

(3) 他に請け負わせて建設等をした資産については，当該資産の「引渡しを受けた
　　日」とする。

② 相続や贈与によって取得した資産の取得費

相続や贈与によって取得した土地建物を譲渡した場合の取得費は，被相続人や贈与者がその土地建物を買い入れたときの購入代金や購入手数料などを基に計算する（所法60①）。

したがって，被相続人や贈与者が取得した時から，相続や贈与で取得した相続人や受贈者が譲渡した年の1月1日までの所有期間で長期譲渡所得か短期譲渡所得かを判定することになる。

これは，相続等においては，その時点では資産の増加益が具体的に顕在化しないため，相続等による取得者が当該資産を譲渡する時点まで課税を繰り延べることとしたものである。

なお，業務に使われていない土地建物を相続や贈与により取得した際に相続人や受贈者が支払った登記費用や不動産取得税の金額も取得費に含まれる。

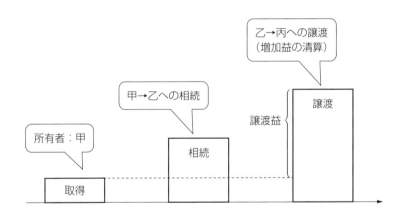

以下の事例は，相続によって取得した資産の取得費の計算例である。

被相続人Aは，土地を500万円で購入した。その後，Aは死亡し，相続人Bが相続して登記費用20万円を支払った。Bはその土地を1,000万円で譲渡することとなり，仲介手数料等100万円を支払った。

この場合の譲渡益は，収入金額1,000万円から取得費520万円と譲渡費用100万円を控除した金額380万円ということになる。

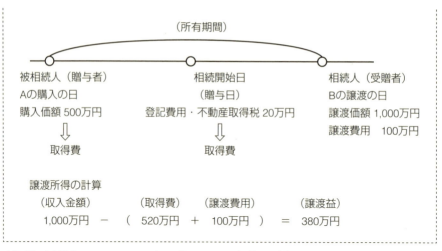

（参考）国税庁タックスアンサー「No3270　相続や贈与によって取得した土地・建物の取得費と取得の時期」

③　買換えなどで取得した資産の取得費

　買換えなどの特例の適用を受けて取得した土地建物の取得費は，その土地建物の実際の取得代金ではなく，先に売った旧資産の取得費を一定の計算により算出したものを，その資産の取得費として引き継ぐこととされている。
　このように先に売った旧資産の取得費が買い換えた資産に引き継がれることになる買換えなどの特例には，主に次のものがある。
（ⅰ）固定資産の交換の場合の譲渡所得の特例
（ⅱ）収用交換等に伴い代替資産を取得した場合の課税の特例
（ⅲ）特定の居住用財産の買換え又は交換の場合の譲渡所得の課税の特例
（ⅳ）特定の事業用資産の買換え又は交換の場合の譲渡所得の課税の特例

（例１）居住用財産の売却額と買い換えた居住用財産の購入額が同じ場合
売却額：5,000万円
譲渡費用：100万円

売却した居住用財産の取得価額：3,000万円（土地及び減価償却後の建物価格の合計）

買い換えた居住用財産の購入額：5,000万円（土地3,500万円，建物1,500万円）

引き継ぐ取得価額の計算：3,000万円＋100万円＝3,100万円

〈引き継ぐ取得価額の土地と建物への配分の計算〉

（土地）3,100万円×3,500万円／5,000万円＝2,170万円

（建物）3,100万円×1,500万円／5,000万円＝930万円

　将来，買い換えた居住用財産を売却した場合の取得価額は，実際の購入額ではなく，上記のとおり，土地については2,170万円，建物については930万円から売却時までの償却費相当額を控除した後の価額となる。

（例2）居住用財産の売却額よりも買い換えた居住用財産の購入額の方が多額の場合

売却額：5,000万円

譲渡費用：100万円

売却した居住用財産の取得価額：3,000万円（土地及び減価償却後の建物価格の合計）

買い換えた居住用財産の購入額：6,000万円（土地4,200万円，建物1,800万円）

引き継ぐ取得価額の計算：（3,000万円＋100万円）＋（6,000万円－5,000万円）＝4,100万円

〈引き継ぐ取得価額の土地と建物への配分の計算〉

（土地）4,100万円×4,200万円／6,000万円＝2,870万円

（建物）4,100万円×1,800万円／6,000万円＝1,230万円

　将来，買い換えた居住用財産を売却した場合の取得価額は，実際の購入額ではなく，上記のとおり，土地については2,870万円，建物については1,230万円から売却時までの償却費相当額を控除した後の価額となる。

(例3）居住用財産の売却額よりも買い換えた居住用財産の購入額の方が少額の場合

売却額：5,000万円

譲渡費用：100万円

売却した居住用財産の取得価額：3,000万円（土地及び減価償却後の建物価格の合計）

買い換えた居住用財産の購入額：4,000万円（土地2,500万円，建物1,500万円）

引き継ぐ取得価額の計算：（3,000万円＋100万円）×4,000万円／5,000万円
＝2,480万円

〈引き継ぐ取得価額の土地と建物への配分の計算〉

（土地）2,480万円×2,500万円／4,000万円＝1,550万円

（建物）2,480万円×1,500万円／4,000万円＝930万円

　将来，買い換えた居住用財産を売却した場合の取得価額は，実際の購入額ではなく，上記のとおり，土地については1,550万円，建物については930万円から売却時までの償却相当額を控除した後の価額となる。

（参考）国税庁タックスアンサー「No.3362 居住用財産の買換えの特例を受けて買い換えた資産の取得価額とされる金額の計算」

まとめ 取得の日

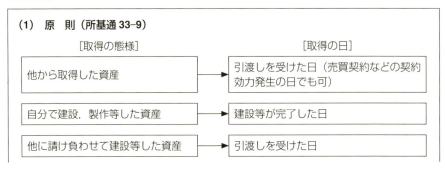

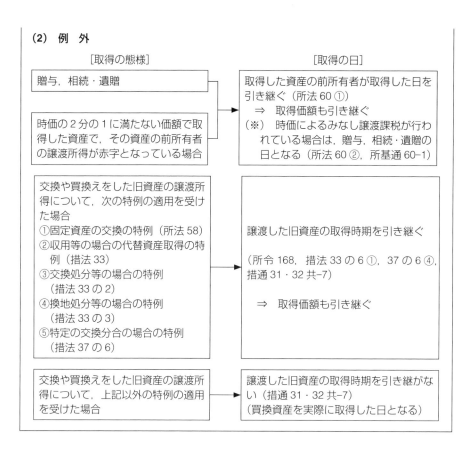

(7) 資産の「譲渡の日」とは

　譲渡所得の収入金額の収入すべき時期は，譲渡所得の基因となる資産の「引渡しがあった日」によるものとする（所基通36-12）。

　ただし，納税者の選択により，その資産の譲渡に関する「契約の効力発生の日」により総収入金額に算入して申告があったときは，これを認めることとされている。

　また，農地を譲渡する場合には，農地法3条1項《農地又は採草放牧地の権利移動の制限》若しくは5条1項本文《農地又は採草放牧地の転用のための権利移動の制限》の規定による許可を受けなければならず[1]，そのような農地等の譲渡については，当該農地等の譲渡に関する「契約が締結された日」とする。

　なお，譲渡所得の収入すべき時期は，資産の譲渡の当事者間で行われる当該資産

第1章　譲渡所得と取得費　　11

に係る支配の移転の事実（例えば，土地の譲渡の場合における所有権移転登記に必要な書類等の交付）に基づいて判定をした当該資産の引渡しがあった日によるのであるが，当該収入すべき時期は，原則として譲渡代金の決済を了した日より後にはならないのであるから留意する。

　　土地を譲渡し，令和6年11月1日に引渡しを行った。その土地は，平成30年7月1日に売買契約を締結し，令和元年10月1日に引渡しを受けて取得したものである。

　　譲渡の日を「引渡しの日」としたとき，取得したのが「契約の効力発生日」であると5年を超えることになる一方，「引渡しを受けた日」とすると5年以下ということになる。

　　なお，資産の「取得の日」と「譲渡の日」の判定基準は違っても差し支えないこととされており[2]，譲渡の日を「引渡しの日」とし，取得の日を「契約の効力発生日」とすることができる。

〈長期・短期の判定〉

取得の日　⇒　売買契約の効力発生の日

譲渡の日　⇒　引渡しの日

---

(1) 〈農地法3条（農地又は採草放牧地の権利移動の制限）〉
　　農地又は採草放牧地について所有権を移転し，又は地上権，永小作権，質権，使用貸借による権利，賃借権若しくはその他の使用及び収益を目的とする権利を設定し，若しくは移転する場合には，政令で定めるところにより，当事者が農業委員会の許可を受けなければならない。
　　〈農地法5条（農地又は採草放牧地の転用のための権利移動の制限）〉
　　農地を農地以外のものにするため又は採草放牧地を採草放牧地以外のもの（農地を除く）にするため，これらの土地について3条1項本文に掲げる権利を設定し，又は移転する場合には，当事者が都道府県知事等の許可を受けなければならない。
(2) 名古屋国税局「電話相談センター資料4」〔TAINS・所得事例名古屋局1602〕

まとめ 譲渡の日

> **(1) 原則（所基通 36-12）**
>
>   資産の引渡しがあった日
>
> **(2) 選択（所基通 36-12）**
>
>   譲渡に関する契約の効力発生の日
>
> （※）農地については，譲渡に関する契約が締結された日
> （注）1　譲渡代金の決済が終わった日より後にはならない。
> 　　　2　資産の「取得の日」と「譲渡の日」の判定基準は違っても差し支えない。

2　収入金額

　譲渡所得の収入金額は，通常，土地や建物の譲渡の対価として買主から受け取る金銭の額である。

　譲渡代金のほかに，譲渡から年末までの期間に対応する固定資産税及び都市計画税（未経過固定資産税等）に相当する額の支払を受けた場合には，その額は譲渡価額に算入される。

　また，金銭の代わりに物や権利などを受け取った場合も，その物や権利などの時価が収入金額になる。例えば，以下のような場合には資産の譲渡による収入金額とみなされる。

(1) 個人が法人に対して土地建物を時価の2分の1を下回る価額で譲渡した場合や贈与した場合はその土地建物の時価が収入金額となる。
(2) 譲渡した場合でなくても次のような場合は，譲渡があったこととなり，それぞれ次の金額が収入金額となる。
　① 法人に対して土地建物を現物出資した場合は，受け取る出資持分や株式の時

第1章　譲渡所得と取得費　　*13*

価が収入金額となる。
② 債務の弁済のために土地建物を債権者に渡す場合は、その土地建物の時価が収入金額となる。
③ 借地権など資産の消滅した場合は、対価として一時に受ける補償金などが収入金額となる。

譲渡代金を2年以上に分けて受領した場合

1つの契約に基づく土地などの売却代金を2年以上に分けて受け取る場合がある。この場合は、その売却代金の全額がその土地建物を譲渡した年の収入金額になる。

まとめ 収入金額

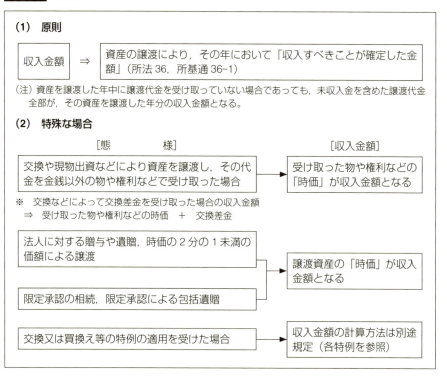

3 取得費

取得費とは，譲渡した土地や建物を買い入れたときの購入代金や，建築代金，購入手数料などの資産の取得に要した金額に，その後支出した改良費，設備費を加えた合計額をいう。

また，譲渡所得の起因となる資産が建物又は期間の経過により減価する資産である場合には，購入代金又は建築代金などの合計額から所有期間中の減価償却費相当額を差し引いた金額とする（所法38②）。

| 取得費 | ⇒ | 資産の取得に要した金額 ＋ 設備費・改良費 － 減価償却費相当額
（所法38，所令85，126①） |

購入代金や，建築代金，購入手数料のほか，取得費に含まれる主なものは次のとおりである。

(1) 土地や建物を購入（贈与，相続又は遺贈による取得も含む）したときに納めた登録免許税（登記費用も含む），不動産取得税，印紙税

(2) 借主がいる土地や建物を購入するときに，借主を立ち退かせるために支払った立退料

(3) 土地の埋立てや土盛り，地ならしをするために支払った造成費用

(4) 土地の取得に際して支払った土地の測量費

(5) 所有権などを確保するために要した訴訟費用

　　これは，例えば所有者について争いのある土地を購入した後，紛争を解決して土地を自分のものにした場合に，それまでにかかった訴訟費用のことをいう。

　　ただし，相続財産である土地を遺産分割するためにかかった訴訟費用等は，取得費にならない。

(6) 建物付の土地を購入して，その後概ね1年以内に建物を取り壊すなど，当初から土地の利用が目的であったと認められる場合の建物の購入代金や取壊しの費用

(7) 土地や建物を購入するために借り入れた資金の利子のうち，その土地や建物を実際に使用開始する日までの期間に対応する部分の利子

(8) 既に締結されている土地などの購入契約を解除して，他の物件を取得することとした場合に支出する違約金

第1章　譲渡所得と取得費　　*15*

なお，業務の用に供される資産の場合であって，事業所得などの必要経費に算入
されたものは含まれない。

まとめ **取得費**

(1)　取得費に含まれるもの

〈一般的なもの〉

① 　購入代金

② 　購入（仲介）手数料

③ 　購入に際して支払った立退料など（所基通 38-11）

④ 　購入時の売買契約書に貼付した収入印紙代

⑤ 　登録免許税（登録に要する費用を含む）（所基通 38-9）

⑥ 　不動産取得税（所基通 38-9）

→ 業務の用に供される資産に係るものは，譲渡所得以外の各種所得の計算上必要経費に算入（所基通 37-5）

⑦ 　資産の設備に要した費用

⑧ 　資産を取得した後で加えた改良のための費用で，通常の修繕費以外のもの

〈特殊なもの〉

① 　取得に関し争いのある資産についてその所有権等を確保するために直接要
した訴訟費用，和解費用（所基通 38-2）

（注）1 　事業所得などの必要経費に算入されたものを除く。

　　　2 　相続争いに要したものを除く。

② 　建物付土地を取得し，概ね 1 年以内にその建物を取り壊すなど当初からそ
の土地を利用する目的を有している場合のその建物の取壊損失（所基通 38-
1）

③ 　資産を取得するための借入金の利子で，その資金の借入れの日からその資
産の使用開始の日までの期間に対応する部分の金額（所基通 38-8）

④ 　一旦締結した固定資産の取得に関する契約を解除して他の固定資産を取得
することとした場合に支出する違約金（所基通 38-9 の 2）

(2) 取得費にならないもの

① 修繕費，固定資産税などのように資産を維持，管理するために要した費用

② 遺産分割に係る弁護士費用

③ 既に事業所得等の必要経費に算入されたもの

4 譲渡費用

譲渡費用とは，土地や建物を売るために支出した費用をいい，仲介手数料，測量費，売買契約書の印紙代，売却するときに借家人などに支払った立退料，建物を取り壊して土地を売るときの取壊し費用などをいう。

| 譲渡費用 | ⇒ | 資産の譲渡に要した費用（所法 33 ③） |

譲渡費用の主なものは次のとおりである。

(1) 土地や建物を売るために支払った仲介手数料

(2) 印紙税で売主が負担したもの

(3) 貸家を売るため，借家人に家屋を明け渡してもらうときに支払う立退料

(4) 土地などを売るためにその上の建物を取り壊したときの取壊し費用とその建物の損失額

(5) 既に売買契約を締結している資産をさらに有利な条件で売るために支払った違約金

　　これは，土地などを売る契約をした後，その土地などをより高い価額で他に売却するために既契約者との契約解除に伴い支出した違約金をいう。

(6) 借地権を売るときに地主の承諾をもらうために支払った名義書換料など

　このように，譲渡費用とは譲渡をするために直接かかった費用をいう。

　したがって，修繕費や固定資産税などその資産の維持や管理のためにかかった費用，売った代金の取立てのための費用などは譲渡費用とならない。

まとめ **譲渡費用**

(1)　譲渡費用に含まれるもの

①　資産の譲渡に際して支出した仲介手数料，運搬費，登記・登録に要する費用（所基通 33-7）

②　譲渡時の売買契約書に貼付した収入印紙代

③　借家人などを立ち退かせるための立退料（所基通 33-7）

④　土地等の譲渡に際しその上にある建物等を取り壊した場合の取壊費用及び取壊損失（所基通 33-7，33-8）

⑤　既に売買契約を締結している資産を更に有利な条件で他に譲渡するため，その契約を解除したことに伴う違約金（所基通 33-7）

⑥　資産の譲渡価額を増加させるためにその譲渡に際して支出した費用（所基通 33-7）

(2)　譲渡費用に含まれないもの

①　資産の取得費となるもの

②　譲渡資産の修繕費や固定資産税などの資産の維持，管理に要した費用（所基通 33-7 注）

③　引越費用

2 取得費の取扱い

1 所得税法の定め

(1) 譲渡所得の金額の計算上控除する取得費

本書の主題である取得費の意義については，所得税法に定められている。

そこでは，譲渡所得の金額の計算において控除する資産の取得費は，別段の定めがあるものを除き，その資産の取得に要した金額並びに設備費及び改良費の額の合計額（以下「実額取得費」という）とされている（所法 38 ①）。

その「資産の取得に要した金額」には，その資産の客観的価格を構成すべき取得代金の額のほか，その資産を取得するための付随費用の額も含まれる。

また，その資産が家屋など期間の経過により減価する資産である場合には，取得代金の額から，その取得の日から譲渡の日までの期間に応じた減価償却費の累積額を控除した金額とする。

なお，「別段の定め」とは，以下のものが挙げられる。

・贈与等により取得した資産の取得費等（所法 60）

・昭和 27 年 12 月 31 日以前に取得した資産の取得費等（所法 61）

・長期譲渡所得の概算取得費控除（措法 31 の 4）

【所得税法】

（譲渡所得の金額の計算上控除する取得費）

第 38 条　譲渡所得の金額の計算上控除する資産の取得費は，別段の定めがあるものを除き，その資産の取得に要した金額並びに設備費及び改良費の額の合計額とする。

2　譲渡所得の基因となる資産が家屋その他使用又は期間の経過により減価する資産である場合には，前項に規定する資産の取得費は，同項に規定する合計額に相当する金額から，その取得の日から譲渡の日までの期間のうち次の

第 1 章　譲渡所得と取得費　　*19*

各号に掲げる期間の区分に応じ当該各号に掲げる金額の合計額を控除した金額とする。

一　その資産が不動産所得，事業所得，山林所得又は雑所得を生ずべき業務の用に供されていた期間　第49条第1項（減価償却資産の償却費の計算及びその償却の方法）の規定により当該期間内の日の属する各年分の不動産所得の金額，事業所得の金額，山林所得の金額又は雑所得の金額の計算上必要経費に算入されるその資産の償却費の額の累積額

二　前号に掲げる期間以外の期間　第49条第1項の規定に準じて政令で定めるところにより計算したその資産の当該期間に係る減価の額

（2）　昭和27年12月31日以前に取得した資産の取得費

　譲渡所得の基因となる資産が昭和27年12月31日以前から引き続き所有していた資産である場合には，その資産の昭和28年1月1日における価額として政令で定めるところにより計算した金額とその資産につき同日以後に支出した設備費及び改良費の額との合計額とする（所法61②）。

【所得税法】

（昭和27年12月31日以前に取得した資産の取得費等）

第61条　山林所得の基因となる山林が昭和27年12月31日以前から引き続き所有していた山林である場合には，その山林に係る山林所得の金額の計算上控除する必要経費は，その山林の昭和28年1月1日における価額として政令で定めるところにより計算した金額とその山林につき同日以後に支出した管理費，伐採費その他その山林の育成又は譲渡に要した費用の額との合計額とする。

2　譲渡所得の基因となる資産（次項及び第4項に規定する資産を除く。）が昭和27年12月31日以前から引き続き所有していた資産である場合には，その資産に係る譲渡所得の金額の計算上控除する取得費は，その資産の昭和

28年1月1日における価額として政令で定めるところにより計算した金額
（当該金額がその資産の取得に要した金額と同日前に支出した設備費及び改
良費の額との合計額に満たないことが証明された場合には，当該合計額）と
その資産につき同日以後に支出した設備費及び改良費の額との合計額とする。
3　譲渡所得の基因となる資産が昭和27年12月31日以前から引き続き所有
していた資産で，第38条第2項（使用又は期間の経過により減価する資産
の取得費）の規定に該当するものである場合には，その資産に係る譲渡所得
の金額の計算上控除する取得費は，その資産の昭和28年1月1日における
価額として政令で定めるところにより計算した金額（当該金額がその資産の
取得に要した金額と同日前に支出した設備費及び改良費の額との合計額を基
礎として政令で定めるところにより計算した同日におけるその資産の価額に
満たないことが証明された場合には，当該価額）とその資産につき同日以後
に支出した設備費及び改良費の額との合計額から，その資産を同日において
当該計算した金額をもつて取得したものとみなした場合に計算される同項各
号に掲げる金額の合計額を控除した金額とする。

（3）　政令で定めるところにより計算した金額

　所得税法61条2項又は3項に規定する資産の昭和28年1月1日における価額と
して「政令で定めるところにより計算した金額」は，同日におけるその資産の現況
に応じ，同日においてその資産につき相続税及び贈与税の課税標準の計算に用いる
べきものとして国税庁長官が定めて公表した方法により計算した価額とする。

　つまり，昭和27年12月31日以前に取得した資産については，昭和28年1月1
日における相続税評価額とするということであるが，実務上，昭和27年12月31日
以前に取得した資産については概算取得費（措法31の4①）が適用されている。

【所得税法施行令】

> **（昭和 27 年 12 月 31 日以前に取得した資産の取得費）**
>
> 第 172 条　法第 61 条第 2 項又は第 3 項（昭和 27 年 12 月 31 日以前に取得した資産の取得費）に規定する資産の昭和 28 年 1 月 1 日における価額として政令で定めるところにより計算した金額は，同日におけるその資産の現況に応じ，同日においてその資産につき相続税及び贈与税の課税標準の計算に用いるべきものとして国税庁長官が定めて公表した方法により計算した価額とする。
>
> 2　前項に規定する資産が資産再評価法（昭和 25 年法律第 110 号）第 8 条第 1 項（個人の減価償却資産の再評価）（同法第 10 条第 1 項（非事業用資産を事業の用に供した場合の再評価）において準用する場合を含む。）又は第 16 条（死亡の場合の再評価の承継）の規定により再評価を行なつているものである場合において，その資産につき前項の規定により計算した価額が当該再評価に係る同法第 2 条第 3 項（定義）に規定する再評価額に満たないときは，その資産の法第 61 条第 2 項又は第 3 項に規定する昭和 28 年 1 月 1 日における価額として政令で定めるところにより計算した金額は，前項の規定にかかわらず，当該再評価額とする。
>
> 3　法第 61 条第 3 項に規定する資産の取得に要した金額と昭和 28 年 1 月 1 日前に支出した設備費及び改良費の額との合計額を基礎として政令で定めるところにより計算した同日におけるその資産の価額は，同日においてその資産の譲渡があつたものとみなして法第 38 条第 2 項（譲渡所得の金額の計算上控除する取得費）の規定を適用した場合に同項の規定によりその資産の取得費とされる金額に相当する金額とする。

2　租税特別措置法の定め

（1）　長期譲渡所得の概算取得費控除

　個人が昭和 27 年 12 月 31 日以前から引き続き所有していた土地建物を譲渡した場合における長期譲渡所得の金額の計算上控除する取得費は，収入金額の 100 分の 5

に相当する金額（以下「概算取得費」という）とする（措法31の4①）。

また，ここでは「長期譲渡所得」について定められているが，実務上，短期譲渡所得においても概算取得控除を適用しても差し支えないこととされている（国税庁質疑応答事例「短期譲渡所得の計算上控除する取得費と概算取得費控除」）。

なお，概算取得費が実額取得費に満たないことが証明された場合には，控除する取得費の額は，実額取得費とする（同①一）。

【概算取得費（措法31の4）】

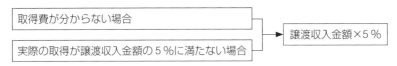

【租税特別措置法】

（長期譲渡所得の概算取得費控除）

第31条の4　個人が昭和27年12月31日以前から引き続き所有していた土地等又は建物等を譲渡した場合における長期譲渡所得の金額の計算上収入金額から控除する取得費は，所得税法第38条及び第61条の規定にかかわらず，当該収入金額の100分の5に相当する金額とする。ただし，当該金額がそれぞれ次の各号に掲げる金額に満たないことが証明された場合には，当該各号に掲げる金額とする。

一　その土地等の取得に要した金額と改良費の額との合計額
二　その建物等の取得に要した金額と設備費及び改良費の額との合計額につき所得税法第38条第2項の規定を適用した場合に同項の規定により取得費とされる金額

（2）　昭和28年1月1日以後に取得した資産の取得費

措置法31条の4の規定は，昭和27年12月31日以前から引き続き所有していた土地建物の譲渡所得の金額の計算につき適用されるのであるが，昭和28年1月1日

以後に取得した土地建物の取得費についても，同項の規定に準じて計算して差し支えないものとされている（「租税特別措置法（山林所得・譲渡所得関係）の取扱いについて」（昭和46年8月26日付直資4-5ほか国税庁長官通達）31の4-1）。

　措置法31条の4の規定は，概算取得費の適用できる資産の範囲を昭和27年12月31日以前から引き続き所有していた土地建物に限定し，昭和28年1月1日以後に取得した土地建物の取得費についてはその適用がないものとしているが，昭和28年1月1日以後に取得した土地建物の取得費について概算取得費の特例を適用しても，納税者の利益に反しない限り，昭和27年12月31日以前から引き続き所有していた土地建物の取得費と昭和28年1月1日以後に取得した土地建物の取得費の計算方法を異にしなければならない特段の理由は存在しないと解されている[3]。

【措置法通達】

> **（昭和28年以後に取得した資産についての適用）**
>
> 31の4-1　措置法第31条の4第1項の規定は，昭和27年12月31日以前から引き続き所有していた土地建物等の譲渡所得の金額の計算につき適用されるのであるが，昭和28年1月1日以後に取得した土地建物等の取得費についても，同項の規定に準じて計算して差し支えないものとする。

（3）　まとめ

　譲渡所得の金額は，譲渡収入金額から所得の基因となった資産の取得費と譲渡費用の合計額を控除して算出する（所法33）。

　その取得費は，別段の定めがある場合を除き，資産の取得に要した金額並びに設備費及び改良費の額の合計額と規定されている（所法38）。

　この「取得費」の計算に当たっては，昭和27年12月31日以前から引き続き所有していた土地や建物については，譲渡収入金額の5％相当額を取得費とする特例措置（概算取得費控除）が設けられている（措法31の4①）。

---

(3)　平成26年3月4日裁決，平成30年5月7日裁決

また，昭和28年1月1日以後に取得した土地や建物であっても，納税者の利益に反しない限りにおいて概算取得費控除の特例により計算して差し支えないものとされている（措通31の4-1）。

　なお，昭和28年1月1日以後に取得した土地や建物については，納税者の利益に反しない限り適用して差し支えないものとされていることから，納税者が取得に要した金額を明確にする資料を提出して実額を主張している場合は，課税庁から概算取得費を適用することはできないとする見解もある。

【要件の判定フローチャート】

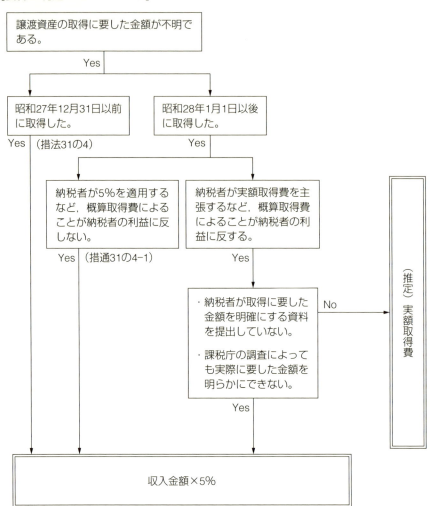

3 建物の取得費

建物においては，その建物の建築代金や購入代金などの合計額がそのまま取得費になるわけではない。建物は使用したり，期間が経過することによって価値が減少していくため，建物の購入代金などの合計額から所有期間中の減価償却費相当額を差し引く必要がある。

したがって，建物の取得費は，下記の算式のとおり，その建物の取得に要した金額から減価償却費を差し引いた金額を取得費とする。

〈算式〉

> 建物の取得費 ＝ 建物の取得に要した金額 － 減価償却費

なお，減価償却費は，その建物が事業に使われていた場合とそれ以外の場合で異なっており，それぞれ次に掲げる額となる。

1 事業に使われていた場合

建物が事業に使われていた場合の減価償却費は，取得してから譲渡するまでの毎年の合計額となる。

なお，仮に毎年の減価償却費の額を必要経費としていない部分があったとしても，毎年の減価償却費の合計額とすることに変わりはない。

2 事業に使われていなかった場合

建物が事業に使われていなかった場合の減価償却費は，建物の耐用年数の1.5倍の年数（1年未満の端数は切り捨てる）に対応する旧定額法の償却率で求めた1年当たりの減価償却費相当額にその建物を取得してから譲渡までの経過年数を乗じて計算する。

第1章 譲渡所得と取得費 　*27*

具体的には，次の算式により計算する。

〈算式〉

建物の取得価額×0.9×償却率(※1)×経過年数(※2)＝減価償却費相当額(※3)

（※1）非業務用建物の償却率は，建物の構造（木造，木骨モルタル，鉄筋コンクリート，金属造の区分）によって，下表による。

区　分	木　造	木骨モルタル	（鉄骨）鉄筋コンクリート	金属造①	金属造②
償却率	0.031	0.034	0.015	0.036	0.025

（注）「金属造①」……軽量鉄骨造のうち骨格材の肉厚が 3mm 以下の建物
　　　「金属造②」……軽量鉄骨造のうち骨格材の肉厚が 3mm 超 4mm 以下の建物
○木造・木骨モルタル造…木材を骨格とした建物。ツーバイフォー工法による建物も木造に該当する。
○鉄骨鉄筋コンクリート造…主要構造部（骨組等）が鉄骨と鉄筋コンクリートを一体化した構造の建物。
○鉄筋コンクリート造…主要構造部（骨組等）が型わくの中に鉄筋を組みコンクリートを打ち込んで一体化した構造の建物。
○鉄骨造…主要な骨組が軽量鉄骨造の建物。ALC版（いわゆるヘーベルなど）を使用した建物は，通常この鉄骨造に該当する。

（※2）経過年数の 6 か月以上の端数は 1 年とし，6 か月未満の端数は切り捨てる。
（※3）建物の取得価額の 95％を限度とする。

まとめ　減価償却費相当額

①業務の用に供していた場合 ⇒ 譲渡時までの減価償却費の累計額（所令120）
②業務の用に供していない場合 ⇒ 次の算式で計算した金額（所令85）

〈算式〉

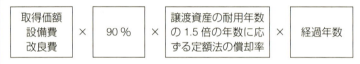

（注）1　「減価償却資産の耐用年数等に関する省令」

```
      償却率　（例）住宅用建物

        鉄筋コンクリート造　47 年×1.5＝70 年 ⇒ 0.015

        木骨モルタル造　　　20 年×1.5＝30 年 ⇒ 0.034

        木造　　　　　　　　22 年×1.5＝33 年 ⇒ 0.031

   2　「耐用年数」　⇒　1.5 倍の年数の 1 年未満の端数は切捨て

   3　「経過年数」　⇒　6 か月以上の端数は切上げ，6 か月未満の端数は切捨て
```

建物の取得に要した費用：4,000 万円

建物の構造：鉄筋コンクリート造

経過年数：6 年 8 か月

　建物の構造が鉄筋コンクリートであるため償却費は 0.015 となり，経過年数は 6 年 8 か月であるため端数を 1 年として 7 年となる。

　したがって，減価償却費の計算は下記のとおりである。

```
建物の取得に要した費用　　　　　　償却率　　経過年数　　減価償却費
   4,000 万円　　　　× 0.9 ×　0.015 ×　7 年　＝　378 万円
```

　そして，建物の取得費は，建物の取得に要した費用から減価償却費相当額を控除して，下記のとおりとなる。

```
建物の取得に要した費用　　　減価償却費　　　建物の取得費
   4,000 万円　　　　－　　378 万円　＝　3,622 万円
```

第 **2** 章

取得費が不明な場合の取扱い

　取得費は，「資産の取得に要した金額」をいい，土地や建物の場合は，購入代金や建築代金，購入手数料のほか設備費や改良費なども含まれる。

　実務上，土地においては購入時の売買契約書に記載された価額を取得費として用い，建物においては，購入したものは売買契約書，建築したものは建築請負契約書に記載された価額を用いることが一般的である。

　しかし，かなり昔に購入していたり，相続などにより取得した場合には，売買契約書や建築請負契約書といったの取得時の資料を紛失しているケースが多い。

　売買契約書や建築請負契約書などの取得時の資料を紛失してしまっている場合，ただちに概算取得費によることになるのか，又は，何らかの方法で取得費を推定することが認められるであろうか。

1 取得日の確認

　まずは，土地及び建物を取得した時期の確認である。

　取得した時期がいつであるかにより，長期・短期の判定に影響があり，さらには概算取得費（措法31の4）の適用があるか否かの判定に影響してくるために重要なポイントである。推定で取得費を算出する場合には取得した時期によってその価額（時価）が変わってくることもある。

　そのような土地を取得した日や建物を建築した日は，売買契約書や建築請負契約書などの取得時の資料を紛失している場合であっても，不動産の登記事項証明書（登記簿謄本）で確認することができる。

　なお，未登記の建物については，登記情報がない。自治体によっては，固定資産税の通知書（課税明細書や名寄帳，評価証明書）に建築年月日が記載されているところもある。

【登記事項証明書】

不動産の登記記録は，表題部と権利部に区分されている。

(1) 表題部

表題部には，一筆の土地又は一個の建物ごとに作成される登記記録のうち，土地・建物に関する物理的状況を表示した表示登記が記載されている。

土地に関する登記記録の場合，表題部には，所在，地番，地目，地積，原因，所有者が記載されている。

また，建物に関する登記記録の場合，表題部には，主たる建物の所在，家屋番号，種類，構造，床面積，原因，所有者が記載され，さらに付属建物についても同様の内容が記載される。

区分所有建物の表題部には，上記のほかに敷地権を表示する欄が設けられている。

なお，建物の場合，「原因」欄に「令和〇年〇月〇日新築」などの表記から，建築（表題登記）をした日を特定することができる。

(2) 権利部

権利部とは，所有権・地上権・賃借権・抵当権などの権利に関する状況を記載した部分のことであり，さらに甲区と乙区に分かれる。

甲区では，所有権の保存や所有権の移転など，不動産の所有権に関する事項が記載されている。所有者は誰で，いつ，どのような原因（売買，相続など）で所有権を取得したかが分かる。

土地の取得時期は，甲区の所有権に関する事項に「所有権移転　原因　令和〇年〇月〇日売買」などの表記で記載されている。

権利部の乙区では，「抵当権設定登記」など所有権以外の権利に関する事項が記載されており，金融機関から借入れをした場合の抵当権の設定日，債権者，借入額などを確認することができる。

【土地の登記事項証明書】

東京都特別区南都町1丁目101 　　　　　　　　　　　全部事項証明書 　　　（土地）

表 題 部 　(土地の表示)		調製	余 白		不動産番号	0000000000000
地図番号	余 白	筆界特定	余 白			
所 在	特別区南都町一丁目			余 白		

① 地 番	②地 目	③ 地 積 ㎡		原因及びその日付〔登記の日付〕
101番	宅地	300	00	不詳 〔平成20年10月14日〕

所 有 者	特別区南都町一丁目1番1号　甲 野 太 郎

権 利 部 （甲 区） 　（所 有 権 に 関 す る 事 項）			
順位番号	登 記 の 目 的	受付年月日・受付番号	権 利 者 そ の 他 の 事 項
1	所有権保存	平成20年10月15日 第637号	所有者　特別区南都町一丁目1番1号 　　　　甲 野 太 郎
2	所有権移転	令和1年5月7日 第806号	原因　令和1年5月7日売買 所有者　特別区南都町一丁目5番5号 　　　　法 務 五 郎

権 利 部 （乙 区） 　（所 有 権 以 外 の 権 利 に 関 す る 事 項）			
順位番号	登 記 の 目 的	受付年月日・受付番号	権 利 者 そ の 他 の 事 項
1	抵当権設定	令和1年5月7日 第807号	原因　令和1年5月7日金銭消費貸借同日設定 債権額　金4000万円 利息　年2・6％（年365日日割計算） 損害金　年14・5％（年365日日割計算） 債務者　特別区南都町一丁目5番5号 　　　　法 務 五 郎 抵当権者　特別区北都町三丁目3番3号 　　　　株 式 会 社 南 北 銀 行 　　　　（取扱店　南都支店） 共同担保　目録(あ)第2340号

共 同 担 保 目 録				
記号及び番号	(あ)第2340号		調製	令和1年5月7日
番 号	担保の目的である権利の表示	順位番号	予	備
1	特別区南都町一丁目　101番の土地	1	余 白	
2	特別区南都町一丁目　101番地　家屋番号　1 01番の建物	1	余 白	

（出典）法務省ホームページ

【建物の登記事項証明書】

東京都特別区南都町1丁目101 　　　　　　　　　　　全部事項証明書 　　　　（建物）

表 題 部	（主である建物の表示）	調製	余白		不動産番号	0000000000000

所在図番号	余白

所　　在	特別区南都町一丁目　101番地	余白

家屋番号	101番	余白

① 種　類	② 構　造	③ 床　面　積　㎡	原因及びその日付〔登記の日付〕
居宅	木造かわらぶき2階建	1階　80：00 2階　70：00	令和1年5月1日新築 〔令和1年5月7日〕

表 題 部	（附属建物の表示）			

符　号	①種　類	② 構　造	③ 床　面　積　㎡	原因及びその日付〔登記の日付〕
1	物置	木造かわらぶき平家建	30：00	〔令和1年5月7日〕

所 有 者	特別区南都町一丁目5番5号　法　務　五　郎

権 利 部 （ 甲 区 ）	（ 所 有 権 に 関 す る 事 項 ）		
順位番号	登 記 の 目 的	受付年月日・受付番号	権 利 者 そ の 他 の 事 項
1	所有権保存	令和1年5月7日 第805号	所有者　特別区南都町一丁目5番5号 　　　　法　務　五　郎

権 利 部 （ 乙 区 ）	（ 所 有 権 以 外 の 権 利 に 関 す る 事 項 ）		
順位番号	登 記 の 目 的	受付年月日・受付番号	権 利 者 そ の 他 の 事 項
1	抵当権設定	令和1年5月7日 第807号	原因　令和1年5月7日金銭消費貸借同日設定 債権額　金4,000万円 利息　年2・60％（年365日割計算） 損害金　年14・5％（年365日割計算） 債務者　特別区南都町一丁目5番5号 　　　　法　務　五　郎 抵当権者　特別区北都町三丁目3番3号 　　　　株 式 会 社 南 北 銀 行 　　　　（取扱店　南都支店） 共同担保　目録（あ）第2340号

共 同 担 保 目 録				
記号及び番号	（あ）第2340号		調製	令和1年5月7日
番　号	担保の目的である権利の表示	順位番号	予　　　備	
1	特別区南都町一丁目　101番の土地	1	余白	
2	特別区南都町一丁目　101番地　家屋番号　1 1 01番の建物	1	余白	

（出典）法務省ホームページ

【区分所有建物の登記事項証明書】

東京都特別区南都町1丁目3-1-101　　　　　　全部事項証明書　　　　（建物）

専有部分の家屋番号	3-1-101　3-1-102　3-1-201　3-1-202

表 題 部	(一棟の建物の表示)	調製	余白	所在図番号	余白

所　　在	特別区南都町一丁目　3番地1	余白

建物の名称	ひばりが丘一号館	余白

① 構　　造	② 床 面 積　㎡	原因及びその日付〔登記の日付〕
鉄筋コンクリート造陸屋根2階建	1階　　300　60 2階　　300　40	〔令和1年5月7日〕

表 題 部	(敷地権の目的である土地の表示)

①土地の符号	② 所 在 及 び 地 番	③地目	④ 地 積　㎡	登 記 の 日 付
1	特別区南都町一丁目3番1	宅地	350　76	令和1年5月7日

表 題 部	(専有部分の建物の表示)	不動産番号	0000000000000

家屋番号	特別区南都町一丁目　3番1の101	余白

建物の名称	R10	余白

① 種　類	② 構　造	③ 床 面 積　㎡	原因及びその日付〔登記の日付〕
居宅	鉄筋コンクリート造1階建	1階部分　　150　42	令和1年5月1日新築 〔令和1年5月7日〕

表 題 部	(敷地権の表示)

①土地の符号	②敷地権の種類	③ 敷 地 権 の 割 合	原因及びその日付〔登記の日付〕
1	所有権	4分の1	令和1年5月1日敷地権 〔令和1年5月7日〕

所 有 者	特別区東都町一丁目2番3号　株 式 会 社 甲 不 動 産

権 利 部 (甲 区)	(所 有 権 に 関 す る 事 項)

順位番号	登 記 の 目 的	受付年月日・受付番号	権 利 者 そ の 他 の 事 項
1	所有権保存	令和1年5月7日 第771号	原因　令和1年5月7日売買 所有者　特別区南都町一丁目1番1号 　甲 野 一 郎

権 利 部 (乙 区)	(所 有 権 以 外 の 権 利 に 関 す る 事 項)

順位番号	登 記 の 目 的	受付年月日・受付番号	権 利 者 そ の 他 の 事 項
1	抵当権設定	令和1年5月7日 第772号	原因　令和1年5月7日金銭消費貸借同日設定 債権額　金4,000万円 利息　年2・60%（年365日日割計算） 損害金　年14・5%（年365日日割計算） 債務者　特別区南都町一丁目1番1号 　甲 野 一 郎 抵当権者　特別区北都町三丁目3番3号 　株 式 会 社 南 北 銀 行

＊　下線のあるものは抹消事項であることを示す。　　　整理番号　D12445　（3／3）　　1／2

（出典）法務省ホームページ

2 契約書を紛失した場合の取得費の算出方法

1 契約書以外の資料にはどのようなものがあるか

　土地及び建物を取得した時期を特定した後は，次に「取得に要した金額」を確認する必要がある。取得に要した金額については，売買契約書や建築請負契約書があれば，その記載された金額による。

　しかし，売買契約書や建築請負契約書などの取得時の資料を紛失している場合，そのほかに「取得に要した金額」を直接証する資料，事実を証する資料，金額を裏付ける資料があれば取得費を算定することも可能である。

　そのような資料として，例えば以下のようなものがある。

　・通帳の振込金額
　・金銭消費貸借契約書
　・登記事項証明書（借入金の有無）
　・当時のチラシ，広告など
　・売買契約時の書類，仲介業者作成のメモ，日記帳など
　・取引相手方，仲介業者の保有資料（申告書，台帳等）
　・取引当事者，その相続人，仲介業者等からの聞き取り

　なお，売買契約書や建築請負契約書をいわゆる直接証拠とすれば，通帳や広告，メモなどは間接証拠ということになる。間接証拠は，直接的に金額を証明するものではないため，いくつもの間接証拠を積み上げて事実を証する資料，金額を裏付ける資料としていく必要がある。

第2章　取得費が不明な場合の取扱い　37

取得に要した金額を直接証する資料
売買契約書や建築請負契約書
個別に事実を裏付ける資料
通帳の振込金額
金銭消費貸借契約書又は登記事項証明書による借入金額からの推定
当時のチラシ，広告など
取引相手方，仲介業者が保有する資料（申告書，台帳等）
仲介手数料の領収書
売買代金決済日のメモ，日記帳など
取引当事者，仲介業者等からの聞き取り証言
公的評価，統計からの推定
公示価格，基準地価格を用いた推定
路線価，固定資産税評価額を用いた推定
市街地価格指数を用いた推定

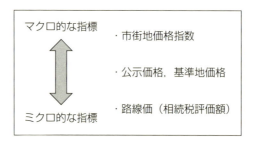

2　通帳等から確認

　まず，最も信ぴょう性の高い資料として，通帳の記録がある。売買により不動産を購入した場合は金額も大きくなるため，売買代金は通帳を経由して行われることが一般的である。

　そこで，当時の通帳を確認する。一般的に，不動産の売買契約は，締結日に手付金の収受が行われ，物件の引渡しと同時に残代金の収受が行われる。契約日から引渡日までが長期にわたる場合や金額が大きいときには，間に中間金の収受が行われるケースもある。

また，建物の建築においては，建物着工時，中間時，完了時などにおいて代金の収受が行われる。

したがって，売買契約日と引渡日（所有権移転登記日）の前後で買主の預金口座から売主の預金口座に購入代金の振込が行われた金額が取得価額ということになる。

なお，既に通帳も紛失している場合，取引を行った金融機関で過去の入出金履歴を取得することも可能である。入出金履歴は，金融機関により異なるが，一般的には過去10年程度は遡って履歴を取得することができる。

ただし，それ以上古い履歴が残っていないという欠点がある。

〈資料〉

通帳，入出金の取引履歴

3　ローンの借入額から推定する

（1）　金銭消費貸借契約書

次に，売買契約書や建築請負契約書を紛失している場合に，取得に要した金額の事実を証する資料として「借入金」に係る資料がある。

不動産の取得は，自己資金のほか，金融機関等から借入れをして行う場合がある。特に，住宅を取得する場合には，購入代金の全額を自己資金から拠出するのではなく，一部を住宅ローンで賄うケースが多い。

通常，金融機関は購入物件の価格を超える貸出し（オーバーローン）は行わないため，借入金額は不動産の購入価額と諸費用の合計額の範囲内であるものと推測される。そこで，例えば，不動産を購入する際に1,000万円の借入れをした場合，物件の取得価額として少なくとも1,000万円以上したのではないかということになる。

なお，金融機関から借入れを行う場合は，金銭消費貸借契約を締結することになる。金銭消費貸借契約書には借入金額が記載されているため，当該金額から不動産の取得金額の推定が可能となる。

また，借入れに係る返済予定表では，借入を行った年月日，借入金額などを確認することができる。返済予定表は，借入れが続いているのであれば，借入先の金融

第2章　取得費が不明な場合の取扱い　　*39*

機関において確認することができる。

　欠点としては，必ずしも借入金額＝購入価額ではないということである。購入代金の一部を自己資金から拠出している場合は，金銭消費貸借契約書に記載されている借入額＝取得価額ではないため，あわせて取得日前後の通帳や入出金履歴を確認し，自己資金拠出額も確認をする必要がある。

〈資料〉
金銭消費貸借契約書，借入金返済予定表

（2）　登記事項証明書の乙区から確認する方法

　金融機関等からの借入れにより不動産を購入している場合，上記と同じく借入れの時期及び借入金額を確認する方法として，不動産登記事項証明書（乙区）がある。

　金融機関より借入れを行っている場合は，その不動産が担保となっており，抵当権設定登記が行われていることが一般的である。

　抵当権設定登記は借入れの実行日と同日に行われ，権利者その他の事項欄に「原因　令和○年○月○日　金銭消費貸借同日設定」などと記載され，債権額の欄に融資による当初の借入額が記載される。その金額を基に，不動産取得時の金融機関からの借入金額を推定することが可能となる。

　ただし，ここでも購入代金の一部を自己資金から拠出している場合は，登記事項証明書記載の借入額＝取得価額ではないため，あわせて取得日前後の通帳や入出金履歴を確認し，自己資金拠出額も確認をする必要がある。

〈資料〉
不動産登記事項証明書（乙区）

4　当時の広告等から推定する方法

（1）　販売時の広告

　通帳や借入金額といった資料より証拠力は一段下がるが，事実を証する資料として，不動産を購入した時期に不動産販売業者が作成していた広告がある。

　例えば，分譲マンションや宅地分譲地などにおいては，売り出し時の各物件の価格表が広告に掲載されており，その記載額を取得価額と推定できる可能性がある。取得時期と同じような時期の広告があれば，ほぼその価格で購入したことがうかがえる。

　ただし，購入時期によっては当初の売り出し価格よりも値下がりしていたなど，必ずしもその価格で購入したとはいえないケースもある。

　また，例えばマンションにおいて，同じマンションの他の部屋の価格しか掲載されていない場合，間取りや階数が異なる場合には当然に販売価格も異なり，当該不動産そのものの取得費を直接的に示すものではないということに留意する必要がある。

〈資料〉

物件売り出し時の広告，パンフレット

（2）　売主や仲介業者等の資料や証言

　分譲マンションや宅地分譲地などにおいては，不動産の販売業者が仲介をしていることが多く，その販売業者が分譲時の資料を所有していることがある。

　また，不動産業者ではなくとも，売主側で売買契約書や台帳を保存している場合もあるため，売主に確認するのも一案である。

　証言も重要な証拠の1つである。例えば，大規模な分譲地において，相続により取得した土地である場合，亡父から坪30万円で購入したと聞いていたり，同じ分譲地の道路を挟んで向えの土地所有者も坪28万円で購入したという証言があるのであれば，坪30万円前後で購入したのではないかという推測が成り立つ。

第2章　取得費が不明な場合の取扱い　*41*

（3） 不動産業者への仲介手数料の領収書

不動産を売買する際には，不動産業者に仲介を依頼して売買契約を行うことが一般的である。その際に支払った仲介手数料より取得価額を推定することが可能となる。

不動産業者への仲介手数料については，宅建業法において下記の上限が定められており（宅地建物取引業法46），通常はこの上限金額が収受されている。

①	売買価格が200万円以下の場合	5％＋消費税
②	売買価格が200万円超え400万円以下の場合	4％＋2万円＋消費税
③	売買価格が400万円を超える場合	3％＋6万円＋消費税

例えば，売買代金が3,000万円の物件の場合，「売買価格が400万円を超える場合」に該当するため，3,000万円×3％＋6万円＋消費税（10％）＝1,056,000円が仲介手数料の上限となる。

手元に仲介手数料を「1,056,000円」とする領収書があるのであるから，この算式により逆算すれば，当時の売買価格が推定できるということである。

なお，仲介手数料の収受は，1つの取引に1回で行われる場合もあれば，売買契約時と引渡し時の2回に分けて行われることがある。

ただし，あくまでも上記算式は法令上の上限であるため，必ずしもその上限の金額で仲介手数料の計算が行われたと限らないという欠点がある。

（4） メモの記載

当時，売買関係者が日記帳や手帳にメモをしている場合も十分な証拠となり得る。

売買代金の決済のために必要な資金を記載したメモ等が残っている場合には，ほぼその価格で購入したことがうかがえる。

〈資料〉

売主の証言，同様の物件を同時期に購入した近隣の者の証言，

日記帳や手帳のメモ，仲介手数料の領収書

---

5 公的評価を用いて推定する方法

　前述の通帳や借入金額，広告等といった資料と異なり，その譲渡資産そのものの取得に要した金額を直接証する資料ではないため，証拠力としては劣るが，不動産の地価（時価）を示す公的な資料に基づいて取得価額を推定する方法がある。

（1）　公示価格により取得費を推定する方法

　第一に，公示価格（以下，基準地価格とあわせて「公示価格等」という）を用いた土地の取得費の推定である。

　公示価格は，国土交通省が毎年公表している土地の価格であり，自由な取引が行われるとした場合におけるその取引において通常成立すると認められる価格，すなわち，市場性を有する不動産について，現実の社会経済情勢の下で合理的と考えられる条件を満たす市場で形成されるであろう市場価値を表示する適正な価格が示されている。

　そこで，今回の譲渡資産が第三者間において適正に取引されたものであることを前提として，第三者間の適正な時価をあらわす公示価格等の水準により売買が行われたものと推定することができる。

　例えば，昭和62年に購入した土地（150m²）を，令和4年に4,500万円（300,000円/m²）で譲渡したとする。その土地の付近に公示価格「○○-2」があり，令和4年公示価格は1m²当たり280,000円，購入時である昭和62年の公示価格は1m²当たり588,000円とする（次の図を参照）。

　つまり，昭和62年に1m²当たり588,000円であった地価相場は，令和4年には1m²当たり280,000円に下落していることになる。そこで，譲渡時に対する取得時の公示価格の変動率を「取得年の公示価格÷譲渡年の公示価格」で算出することができる。

　その割合を今回の売買価額に当てはめ，昭和62年当時の時価相当額を推定すると，下記の算式のとおり推定取得費は9,450万円ということになる。概算取得費であれば225万円（4,500万円×5％）となるが，推定取得費であれば9,450万円である。

第2章　取得費が不明な場合の取扱い　　*43*

〈算式〉

```
譲渡価額     取得年の公示価格        推定取得費
4,500万円 ×   588,000        =  9,450万円
            ─────────
             280,000
            譲渡年の公示価格
```

　なお，公示価格を用いて取得当時の購入価額を推定する方法については，不動産の売買価額は，その形成要因として，買い進み，売り急ぎ等の取引当事者の意思，社会情勢等があり，また，一般に，土地の価額が，その地勢，立地条件等の要因に大きく左右され，これらの様々な個別事情を反映して決まるものであるから，取得価額を公示価格等の対比又は変動率でもって算出することは相当でないとする見解（平成17年3月15日裁決）もあることに留意が必要である。

【公示価格と基準地価格】

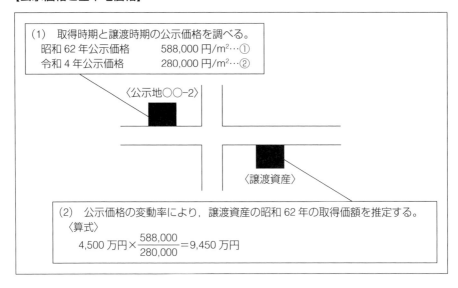

【公示価格等の変動率】

①公示価格とは

　公示価格（地価公示）とは，国土交通省の土地鑑定委員会が標準的な地点（標準地）を選んで，不動産鑑定士等の鑑定評価を基に，毎年1月1日における1m²当たりの正常な価格を公示するものである。

　公示価格は，昭和44年（1969年）に制定された「地価公示法」に基づき，昭和45年から都市計画法に規定する都市計画区域その他の土地取引が相当程度見込まれるものとして国土交通省令で定める区域において実施されている（地価公示法2①）。

　一般の人が土地取引や資産評価をするときの土地の適正な価格を判断する客観的な目安となるものであるが，これ以外にも不動産鑑定士等が行う鑑定評価の規準，公共用地の取得価格の算定の規準，路線価の算定の目安，国土利用計画法による土地価格の規準としての目的で利用されている。

　なお，「正常な価格」とは，土地について，自由な取引が行われるとした場合におけるその取引において通常成立すると認められる価格，すなわち，市場性を有する不動産について，現実の社会経済情勢の下で合理的と考えられる条件を満たす市場で形成されるであろう市場価値を表示する適正な価格，換言すれば，売手にも買手にもかたよらない客観的な価値をあらわしたものである。

②基準地価格とは

　基準地価格（都道府県地価調査）とは，国土利用計画法による土地取引の規制を適正かつ円滑に実施するため，都道府県知事が基準地を選んで，毎年7月1日における1m²当たりの正常な価格を調査し公表するもので，地価公示とあわせて一般の土地取引価格の指標となる。

　地価公示とほぼ同じ目的で調査されているが，次のような違いがある。

第2章　取得費が不明な場合の取扱い　　*45*

（参考）公示価格と基準地価格

	地価公示	都道府県地価調査
根拠法令	地価公示法	国土利用計画法施行令
開始年	昭和 45 年	昭和 50 年
実施主体	国土交通省	都道府県
調査地点	全国 26,000 地点（令和 6 年時点）	全国 21,381 地点（令和 5 年時点）
価格	1月1日時点の 1m² 当たりの正常な価格	7月1日時点の 1m² 当たりの正常な価格

（2）　相続税路線価により取得費を推定する方法

　公示価格は，全国に 26,000 地点（令和 6 年現在）となっており，かなり地域が限定された点的な指標となる。そこでさらに面的な広がりを持って地価を示すものが路線価である（路線価は路線価地域においてのみ設定されているため，それ以外の地域においては倍率方式により相続税評価額を算出する）。

　路線価は，相続税や贈与税を算出するために使用される土地評価の規準となるもので，国税庁が毎年公表している。市街地などの主要な道路に面している宅地 1m² 当たりの価格である。公示価格を基準とし，土地取引事例を参考に不動産鑑定士などの専門家の意見を聴いた上で決定されている。

　そこで，今回の譲渡資産である土地の取得費を路線価を用いて推定する方法が考えられる。

　例えば，昭和 62 年に購入した土地（150m²）を，令和 4 年に 4,500 万円（1m² 当たり 300,000 円）で譲渡したとする。その土地の面する道路に付された令和 4 年路線価は 1m² 当たり 240,000 円であり，購入時である同土地の昭和 62 年の路線価は 1m² 当たり 470,000 円とする。

　そこで，譲渡時に対する取得時の路線価の変動率を「取得年の路線価÷譲渡年の路線価」で算出することができる。

　その変動率を用いて，昭和 62 年当時の時価相当額を推定すると，下記の算式のと

おり推定取得費は 8,812 万円ということになる。

〈算式〉

譲渡価額　　取得年の路線価　　推定取得費

4,500 万円 × $\dfrac{470,000}{240,000}$ ≒ 8,812 万円

　　　　　　譲渡年の路線価

【路線価の変動率による推定】

(1) 取得した年と譲渡した年の相続税路線価の比率を求める。
　　譲渡価額　　　　　　4,500 万円　　　…①
　　昭和 62 年路線価　　　470,000 円/m²　…②
　　令和 4 年路線価　　　 240,000 円/m²　…③
(2) 路線価の変動率により，昭和 62 年の取得価額を推定する。

①× $\dfrac{②}{③}$ ≒ 8,812 万円

昭和 62 年時価相当額　　8,812 万円

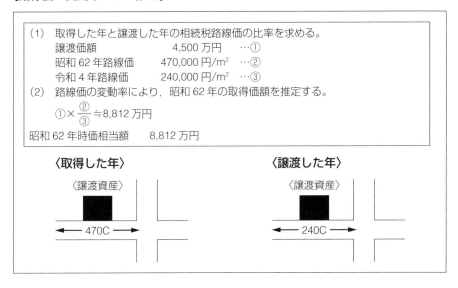

6　市街地価格指数を用いて推定する方法

(1)　市街地価格指数とは

　最後に，本書の主題でもある市街地価格指数を用いて取得費を推定する方法である。

　市街地価格指数は，一般財団法人日本不動産研究所が，全国主要都市内の標準的な宅地を調査地点として選定し，各年3月末及び9月末の年2回，不動産鑑定士等による価格調査を行い，これを基に指数化したものである。調査地点数は，原則と

して 1 都市 10 地点とされる。

その指数は，「全国市街地価格指数」，「六大都市市街地価格指数（東京区部，横浜市，名古屋市，京都市，大阪市及び神戸市）」，「六大都市を除く市街地価格指数」などの区分ごとに編成され，このうち「全国市街地価格指数」は，全国 198 都市の平均指数が商業地域，住宅地域，工業地域の 3 つの地域及びそれら全用途区分ごとに表示されている。

例えば，次の表では，平成 22 年 3 月末の宅地価格を 100 として，令和 4 年 9 月末の商業地の宅地価格は 88.2，住宅地は 91.0，工業地は 88.2 の価格水準にある，ということになる[1]。

【全国市街地価格指数の例】

（平成 22 年 3 月末＝100）

月末	商業地	住宅地	工業地	全用途平均	最高価格地
昭和 30 年 3 月	6.50	2.30	3.68	3.80	8.14
昭和 30 年 9 月	6.89	2.44	3.86	4.03	8.47
昭和 31 年 3 月	7.41	2.62	4.15	4.33	9.28
令和 3 年 9 月	87.9	90.5	86.9	88.7	92.6
令和 4 年 3 月	87.9	90.7	87.5	88.9	92.7
令和 4 年 9 月	88.2	91.0	88.2	89.3	93.1

（2） 統計表の分類編成

市街地価格指数は，「全国市街地価格指数」，「六大都市市街地価格指数」及び「六大都市を除く市街地価格指数」，「三大都市圏市街地価格指数」など，8 つの種類ごとに指数化されている。その分類を示したのが次の表である。

さらに，それぞれの種類ごとに，商業地域，住宅地域，工業地域及び全用途平均が示されている。

---

(1) 指数については，一般財団法人日本不動産研究所『市街地価格指数　全国木造建築費指数（2022 年 9 月末現在）』（2022 年）参照

【統計の分類】

種　類	内　　容		
全国平均（表1）	全国198都市の平均指数		
六大都市（表2）	東京，横浜，名古屋，京都，大阪，神戸の平均指数		
六大都市を除く（表3）	上記六大都市を除く192都市の平均指数		
地方別市街地価格指数（表4）	北海道地方（表4(1)），東北地方（表4(2)），関東地方（表4(3)），北陸地方（表4(4)），中部・東海地方（表4(5)），近畿地方（表4(6)），中国地方（表4(7)），四国地方（表4(8)），九州・沖縄地方（表4(9)）の9地域		
三大都市圏別市街地価格指数（表5）	東京圏（表5(1)）	東京区部（表5(1)a），東京都下（表5(1)b），神奈川県（表5(1)c），埼玉県（表5(1)d），千葉県（表5(1)e）	
	大阪圏（表5(2)）	大阪府（表5(2)a），大阪府を除く10都市（表5(2)b）	
	名古屋圏（表5(3)）	11都市	
三大都市圏を除く政令指定都市（表6）	札幌，仙台，新潟，静岡，浜松，岡山，広島，北九州，福岡，熊本の10都市		
三大都市圏及び政令指定都市を除く県庁所在地（表7）	30都市の平均指数		
戦前全国，戦前六大都市（表8）	昭和11年9月末から昭和30年3月末までの全国と六大都市の平均指数		

（3）　市街地価格指数の年間推移

　市街地価格指数（全用途平均）の年間推移を示すグラフが【**図表①**】である。

　市街地価格指数のうち，「全国市街地価格指数」及び「六大都市市街地価格指数」は昭和11年9月末，「六大都市を除く市街地価格指数」は昭和30年3月末，「三大都市圏の市街地価格指数」は昭和60年3月末からデータが公表されている。

　公示価格は昭和45年から実施されているが，全国的な地価公示は昭和50年からである。公示価格の年間推移を示すグラフが【**図表②**】である。

【図表①　市街地価格指数の年間推移】

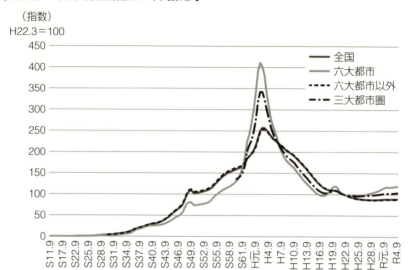

【図表②　公示価格の年間推移】

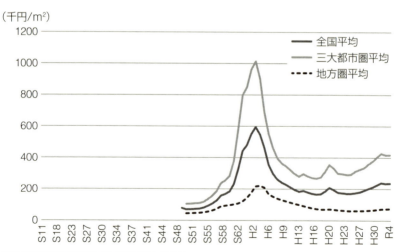

（※）市街地価格指数は「全用途平均」による。
（※）「三大都市圏の市街地価格指数」は「東京圏市街地価格指数」、「大阪圏市街地価格指数」及び「名古屋圏市街地価格指数」の平均値としている。

（4） 市街地価格指数を用いた推定の具体例

① 東京都の例

　市街地価格指数の例を挙げると，例えば東京23区は，六大都市及び三大都市圏に該当する。全国平均指数（表1），六大都市指数（表2），昭和60年以降は地方別指数（表4），三大都市圏指数（表5）が参考にできるということになる。

　そして，令和4年9月末の全用途平均の指数は，全国平均指数で「89.3」，六大都市指数で「119.5」，関東地方指数で「97.1」，三大都市圏の東京圏で「107.6」，三大都市圏の東京区部で「124.4」である。

　例えば，譲渡資産が昭和30年9月に取得したものである場合，平成22（2010）年を100とした場合の昭和30年9月末の全用途平均の指数は，全国平均指数で「4.03」，六大都市指数で「2.48」である。

　昭和30年9月に取得した土地を令和4年に5,000万円で譲渡したとすると概算取得費と推定取得費は次の表のとおりである。推定取得費は，全国平均で225万6,438円，六大都市で103万7,656円と算出することができる。概算取得費によれば一律250万円となるため，ここでは概算取得費を採用することになる。

【東京都の市街地価格指数（昭和30年に取得した場合）】

	譲渡価額 （①）	昭和30年9月末 市街地価格指数 （②）	令和4年9月末 市街地価格指数 （③）	推定取得費 （①×②／③）	概算取得費 （①×5％）
全国平均	5,000万円	4.03	89.3	225万6,438円	250万円
六大都市	5,000万円	2.48	119.5	103万7,656円	250万円

　一方，譲渡資産が昭和62年3月に取得したものである場合，平成22（2010）年を100とした場合の昭和62年3月末の全用途平均の指数は，全国平均指数で「172.5」，六大都市指数で「188.8」，関東地方指数で「185.4」，三大都市圏の東京圏で「207.9」，三大都市圏の東京区部で「344.0」である。

　具体的には，昭和62年に取得した土地を令和4年に5,000万円で譲渡したとすると概算取得費と推定取得費は次の表のとおりである。推定取得費は，全国平均で9,658万4,546円，六大都市で7,899万5,815円，地方別の関東地方指数で9,546万

第2章　取得費が不明な場合の取扱い　*51*

8,589円，三大都市圏で9,660万7,806円，東京都区部で1億3,826万3,665円と算出することができる。概算取得費によれば一律250万円ということになるが，推定取得費によれば，概算取得費を上回るだけでなく，いずれの指数においても譲渡価額をも上回ることになる。

【東京都の市街地価格指数（昭和62年に取得した場合）】

	譲渡価額 （①）	昭和62年3月末 市街地価格指数 （②）	令和4年9月末 市街地価格指数 （③）	推定取得費 （①×②／③）	概算取得費 （①×5％）
全国平均	5,000万円	172.5	89.3	9,658万4,546円	250万円
六大都市	5,000万円	188.8	119.5	7,899万5,815円	250万円
地方別指数	5,000万円	185.4	97.1	9,546万8,589円	250万円
三大都市圏	5,000万円	207.9	107.6	9,660万7,806円	250万円
東京都区部	5,000万円	344.0	124.4	1億3,826万3,665円	250万円

② 広島市の例

六大都市及び三大都市圏を除く政令指定都市を例にとれば広島市が挙げられる。広島市では，全国平均指数（表1），六大都市を除く指数（表3），昭和60年以降は地方別指数（表4），三大都市圏を除く政令指定都市の指数（表6）が参考にできるということになる。

そして，令和4年9月末の全用途平均の指数は，全国平均指数で「89.3」，六大都市を除く指数で「88.5」，中国地方指数で「81.8」，三大都市圏を除く政令指定都市で「114.7」である。

例えば，譲渡資産が昭和30年9月に取得したものである場合，平成22（2010）年を100とした場合の昭和30年9月末の全用途平均の指数は，全国平均指数で「4.03」，六大都市除く指数で「4.18」である。

昭和30年9月に取得した土地を令和4年に5,000万円で譲渡したとすると概算取得費と推定取得費は次の表のとおりである。推定取得費は，全国平均で225万6,438円，六大都市で174万8,953円と算出することができる。概算取得費によれば一律

250万円となるため，東京都の場合と同様，ここでは概算取得費を採用することになる。

【広島市の市街地価格指数（昭和30年に取得した場合）】

	譲渡価額 （①）	昭和30年9月末 市街地価格指数 （②）	令和4年9月末 市街地価格指数 （③）	推定取得費 （①×②／③）	概算取得費 （①×5％）
全国平均	5,000万円	4.03	89.3	225万6,438円	250万円
六大都市	5,000万円	4.18	119.5	174万8,953円	250万円

　また，譲渡資産が昭和62年3月に取得したものである場合，平成22（2010）年を100とした場合の昭和62年3月末の全用途平均の指数は，全国平均指数で「172.5」，六大都市を除く指数で「173.7」，中国地方指数で「157.6」，三大都市圏を除く政令指定都市で「143.5」である。

　この例によると推定取得費は，全国平均で9,658万4,546円，六大都市除くもので9,813万5,593円，地方別の中国地方指数で9,633万2,518円，三大都市圏除く政令指定都市で6,255万4,489円と算出することができる（次表参照）。東京都の例と同様，いずれの指数においても譲渡価額よりも推定取得費の方が上回ることから譲渡損となることがうかがえる。

【広島市の市街地価格指数（昭和62年に取得した場合）】

	譲渡価額 （①）	昭和62年3 月末 市街地 価格指数 （②）	令和4年9月 末 市街地価 格指数 （③）	推定取得費 （①×②／③）	概算取得費 （①×5％）
全国平均	5,000万円	172.5	89.3	9,658万4,546円	250万円
六大都市除く	5,000万円	173.7	88.5	9,813万5,593円	250万円
地方別指数	5,000万円	157.6	81.8	9,633万2,518円	250万円
三大都市圏除く 政令指定都市	5,000万円	143.5	114.7	6,255万4,489円	250万円

市街地価格指数は，全国 198 都市の平均指数を 3 つの利用地域区分ごとに表示するあくまでも統計上の指数である。前述の東京都と広島市の具体例においては譲渡損となっているが，取得時期及び譲渡時期，土地の所在する地域，採用する指数の種類によって結論に違いが出ることになる。

　したがって，譲渡所得の計算に当たっては，同じ東京都でも，全国平均指数（表1），六大都市指数（表 2），地方別指数（表 4），三大都市圏指数（表 5）などの指数の中で最も低額なものを採用するとか，平均値を採るというのも 1 つの方法である。

（5）　市街地価格指数の地価水準と概算取得費

　概算取得費では，昭和 27 年 12 月 31 日以前の土地については譲渡収入金額の 5 ％とされている（措法 31 の 4 ①）。では，市街地価格指数によれば，いつ頃までが現代の地価と比べて 5 ％の水準なのであろうか。

　次の表は，昭和 11 年から令和 4 年までの市街地価格指数（全用途平均）の推移を示したものである。現在の市街地価格指数は平成 22 年 3 月末を 100 としている

　5 ％の水準は，昭和 31 年ぐらいまでの話であって，それ以降は地価上昇を続け，全国平均は昭和 50 年代で 100，平成に入ってからは 200，バブル期の最も地価水準の高い時期で 257 となっている。譲渡の時期を平成 22 年 3 月とすると，指数 100 を上回る時期に購入しているのは全て譲渡損ということになる。

54

【市街地価格指数（全用途平均）の年間推移】

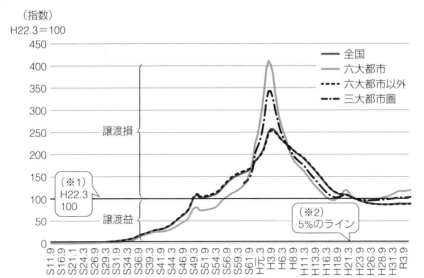

（※1）平成22年に譲渡が行われた場合の価格水準は，当該ラインである。取得時期における指数がこのラインよりも高い時期である場合には，譲渡損ということになる。

（※2）取得費5％はおおよそこのあたりのラインである。概算取得費によれば，ほとんどの取得時期で譲渡益ということになる。

7　総合的判断

　これまで述べてきたとおり，売買契約書や建築請負契約書によらない場合であっても，通帳の振込金額や借入金額，売り出し時の広告やメモ，さらには公的評価の資料情報を用いて，当時の取得価額を推定することが可能となる。

　ただし，これらはあくまでも推定となることから，間接的な証拠資料にどれだけ信ぴょう性を持たせることができるか否かである。

　例えば，通帳の振込金額が確認でき，当時の広告において同様の金額の記載があれば，ほぼその価格で購入したであろうことがうかがえる。

　売主の証言であったり，売買取引に関するメモ等の記録であったり，取引の状況を示す台帳等があればまた説得力が増していく。

　加えて，公示価格や市街地価格指数などの資料を用いて，当時の時価水準を算出することができる。これら複数の資料を組み合わせて，より信ぴょう性の高い取得

価額を検証する必要がある。

第 **3** 章

土地の取得費をめぐる
裁判例・裁決例

　本章では，土地において実際の取得費を直接証明する資料がない場合に，市街地価格指数などによる推定の適否が争われた事例を確認していきたい。

【取得費の適否が争われた事例】

	判決年月日	取得時期	譲渡時期	納税者の主張	課税庁の主張	判決・裁決
①	名古屋地判 S44.4.5	昭和23年	昭和36年	実額	市街地価格指数	市街地価格指数
②	H8.12.20 裁決	昭和40年	平成3年	推定実額	概算取得費	概算取得費
③	H10.6.16 裁決	昭和43年	平成6年	推定実額	概算取得費	市街地価格指数
④	H17.3.15 裁決	平成元年	平成12年	公示価格比準	公示価格比準	概算取得費
⑤	H20.10.28 裁決	昭和44年	平成17年	推定実額	概算取得費	概算取得費
⑥	H23.9.13 裁決	昭和33年, 昭和51年	平成20年	公示価格比準	概算取得費	概算取得費
⑦	H26.3.4 裁決	昭和37年 ないし 昭和40年	平成23年	市街地価格指数	概算取得費	概算取得費
⑧	H29.12.13 裁決	昭和41年	平成24年	公示価格比準	概算取得費	実額取得費
⑨	H30.5.7 裁決	昭和4年, 昭和38年	平成27年	市街地価格指数	概算取得費	概算取得費
⑩	H30.7.31 裁決	昭和46年	平成28年	市街地価格指数	概算取得費	概算取得費
⑪	R2.12.15 裁決	昭和23年	平成29年	市街地価格指数	概算取得費	概算取得費

(※)「推定実額」とは，公示価格や路線価を用いる方法，不動産業者の資料，記憶，証言により，実額を推定して主張・認定するものである。

　上図は，取得費の適否が争われた事例である。

　まず，取得時期が昭和27年12月31日以後のものである場合に，市街地価格指数による推計取得費が採用された事例として事例①及び事例③がある。

　また，納税者が当初申告において概算取得費を適用した後，市街地価格指数による推計取得費による更正の請求が認められなかった事例として事例⑦，⑨，⑩がある。

取得時期が昭和27年12月31日以後のものであっても取得費を証明する信用性の高い資料がある場合にはそれにより（事例⑧），取得費を証明する資料がない場合には概算取得費によることとなる（事例②及び事例⑤）。

　納税者及び課税庁による公示価格等を用いた推計が認められなかったものとして事例④があり，そもそも公示価格からいかなる計算をしたとしても時価を推測できるにとどまり，実際の取得価額を算出することはできないとされたものに事例⑥がある。

　一方，取得時期が昭和27年12月31日以前のものである場合には概算取得費によることとなる（事例⑪）。

第3章　土地の取得費をめぐる裁判例・裁決例　　*59*

市街地価格指数が採用された事例

　まずは，裁判例・裁決例において市街地価格指数による推定方法が採用された事例である。

1　課税庁が譲渡価額に指数を適用した事例
【名古屋地裁昭和 44 年 4 月 5 日判決】

> 　名古屋地裁昭和 44 年 4 月 5 日判決〔税務訴訟資料 56 号 442 頁〕は，課税庁から市街地価格指数を用いた取得費による主張がなされた事例である。
> 　原告が主張する取得費についてはこれを証明する具体的な資料がないとされ，被告課税庁は，譲渡価額を基礎として，譲渡時（昭和 36 年）の指数と取得時（昭和 23 年）の指数を用いて取得費を算出した。
> 　判決においても，取得価額については具体的な資料を入手し得なかったので，右譲渡価額を基礎にして日本不動産研究所発行の全国市街地価格指数により右取得当時の価格を換算算出するのが相当とされている。

（1）　事案の経緯

① 　昭和 36 年 8 月 30 日，原告は，日本国有鉄道（以下「国鉄」という）に新幹線用地として土地 1 及び土地 2（以下，あわせて「本件土地」という）計 341 坪のうち 106.62 坪を売却した。各土地の譲渡面積と譲渡価額は以下のとおりである。また，収用にかかる対価補償金は 8,443,585 円である。

	譲渡面積	譲渡価額
土地 1	160 坪のうち 35.99 坪	50,000 円／坪
土地 2	181 坪のうち 70.63 坪	90,000 円／坪
合計	341 坪のうち 106.62 坪	

② 原告は，本件土地を昭和 23 年 11 月 6 日に訴外甲から取得している。

③ 原告は，昭和 37 年 3 月 9 日，被告税務署長に，同 36 年度分所得税について，総所得金額 400,000 円，所得税額 4,000 円である旨の確定申告をした。

④ 被告税務署長は，昭和 39 年 4 月 20 日，昭和 36 年度分につき総所得金額 4,311,895 円，所得税額 1,268,220 円，過少申告加算額 63,200 円とする更正処分及び過少申告加算税賦課決定をし，原告にその旨を通知した。

⑤ 原告は，被告の右処分の取消しを求めて異議申立及び審査請求に及んだ。

⑥ 名古屋国税局長は，昭和 40 年 2 月 26 日，昭和 36 年度分につき総所得金額 2,318,447 円，所得税額 497,840 円，過少申告加算税額 24,650 円とする旨の裁決をした。

（2） 原告の主張

土地 1 は 1,745,515 円（坪当り 48,500 円），土地 2 は 4,838,155 円（坪当り 68,500 円）の合計 6,583,670 円相当額で取得したものである。右金額は収用残地を含む合計額であるため，実際に国鉄が買収した 352.46m²（106.62 坪）に対する取得額は 4,896,070 円となる。

（3） 被告の主張

本件土地の取得額は，469,795 円である。

昭和 36 年度分につき被告税務署長が課税した譲渡所得金額（裁決により変更された額。以下同じ）は，次の計算によるものである。

第 3 章 土地の取得費をめぐる裁判例・裁決例 *61*

区　　分	金　　額	備　　考
①　収入金額	8,443,585 円	対価補償金
②　取得価額	469,795 円	再評価額
③　譲渡所得金額	7,973,790 円	旧所得税法 9 条 1 項 8 号
④　特例計算	3,986,895 円	（注 1）
⑤　特別控除	150,000 円	旧所得税法 9 条 1 項本文
⑥　課税譲渡所得金額	1,918,447 円	旧所得税法 9 条 1 項本文

（注 1）昭和 37 年法律 46 号により改正される以前の措置法 33 条の適用については，その計算は次のとおりである。

所得税法 9 条 1 項 8 号により 計算した譲渡所得金額		措置法 33 条を適用 した譲渡所得金額
7,973,790 円	× 1／2 ＝	3,986,895 円

　本件土地は，原告が昭和 23 年 11 月 6 日に訴外甲から取得していることが判明したので，甲につき調査したところ，本件土地の全坪（全体）を原告の出資金 200,000 円の代物弁済に充てたものであるとのことであった。

　これに対し，原告は右取得時期については認めたが，取得価額は右出資金その他にも債権があり，結局取得価額は前記申立価額になったとするのみでこれを証する具体的な資料がない。

　そこで，譲渡価額（買取り対価）を基礎とし財団法人日本不動産研究所発行にかかる全国市街地価格指数の第 7 表戦前基準地域別六大都市市街地価格推移指数表の商業地指数により取得時期を基に当時の価格を次のとおり換算算出することとし，土地 1 は坪当たり 900 円，土地 2 は坪当たり 1,620 円をそれぞれ取得価額とするのが相当である。

譲渡時期直近の指数	昭和 36 年 9 月	129,452	1.000
取得時期直近の指数	昭和 23 年 9 月	2,347	0.018

【換算率】

土地1 　　50,000×0.018＝900円

土地2 　　90,000×0.018＝1,620円

換算率は 　$\dfrac{2,347}{129,452}=0.018$

なお，本件土地の譲渡（収用）は，対価補償金とともに残地補償金の支払があったものであるから，次の計算によりあん分計算を行うと取得価額は146,811円となる。

本件土地の全体の取得価額（A）$\times\dfrac{\text{B－収用後の本件土地の残地の価額（C）}}{\text{収用前の本件土地の全体の価額（B）}}$＝取得価額（D）

A　本件土地の全体の取得価額

〈土地1の全坪〉

　　　　　　取得価額
　　160坪× 　900円＝144,000円（ア）

〈土地2の全坪〉

　　　　　　取得価額
　　181坪×1,620円＝293,220円（イ）

　　（ア）＋（イ）＝437,220円

B　収用前の本件土地の全体の価額

〈土地1の全坪〉

　　　　　　時　価
　　160坪×50,000円＝ 8,000,000円（ウ）

〈土地2の全坪〉

　　181坪×90,000円＝16,290,000円（エ）

　　（ウ）＋（エ）＝24,290,000円

C　収用後の本件土地の残地の価額

〈土地1の残地〉

時　価

（160坪－35.99坪）×50,000円＝6,200,500円（オ）

〈土地2の残地〉

（181坪－70.63坪）×90,000円＝9,933,300円（カ）

（オ）＋（カ）＝16,133,800円

D　取得価額

$437,220円 \times \dfrac{24,290,000円-16,133,800円}{24,290,000円} = 146,811円$

本件土地の取得は昭和27年12月31日以前のものであるから，譲渡所得計算上の取得価額は，資産再評価法9条[1]により昭和28年1月1日に再評価をなしたその額である。

したがって，本件土地の譲渡所得の計算上の取得価額となる再評価額は再評価法21条2項の規定により取得時期昭和23年11月に応ずる同法別表7の倍数3.2を乗じた469,795円となる。

取得価額		再評価倍数		再評価価額
146,811円	×	3.2	=	469,795円

（4）　判決

被告主張の土地の取得価額469,795円の適否について判断する。

証拠や各証人の証言を総合すると，①原告は，国鉄に新幹線用地として土地1及び土地2を坪当たりそれぞれ金50,000円，金90,000円で売却したこと，②被告は右

---

[1]　資産再評価法は，資産の再評価を行うことにより，法人及び個人を通じて，適正な減価償却を可能にして企業経理の合理化を図り，資産譲渡等の場合における課税上の特例を設けてその負担を適正にし，もって経済の正常な運営に寄与することを目的とする法律。

64

譲渡所得の調査をしたところ，原告が前記昭和23年11月6日に訴外甲より右土地1及び土地2を含む2筆の土地を取得したものであることが判明したが，その取得価額については具体的な資料を入手し得なかったので，右譲渡価額を基礎にして財団法人日本不動産研究所発行の全国市街地価格指数の第7表戦前基準地域別六大都市市街地価格推移指数表の商業地指数により右取得当時の価格を換算算出すると，土地1は坪当たり金900円，土地2は坪当たり金1,620円となること，③被告は本件土地付近の土地の売買実例を調査し，市場比較法に基づいて，右譲渡時期における時価を推計したところ，土地1につき坪当たり約金47,000円，土地2につき坪当たり金68,000円であって，右時価は原告の譲渡価額を下廻るものであったことが認められ，右認定を覆すに足りる証拠はない。

　そうすると，土地1は坪当たり900円，土地2は坪当たり1,620円をそれぞれ取得価額とするのが相当と認められ，本件土地の取得価額は146,811円となる。

　ところで，右土地の取得時期が昭和27年12月31日以前であることは明らかであるから，譲渡所得計算上の取得価額は，資産再評価法（同25年4月25日法律110号）9条により同28年1月1日（同法3条1項基準日）に再評価をなしたその額であるところ，再評価法21条2項の規定により，取得時期同23年11月に応ずる同法別表7の倍数3.2を乗じた金469,795円と認めるべきである。

〈ポイント〉

　本件土地は，原告によって昭和23年に取得され，昭和36年に売却されたものである。取得費の算定において，譲渡部分と残地の按分計算があり，また少し古い事例であるため複雑な計算構造となっているが，結論として，被告課税庁が譲渡価額を基礎として市街地価格指数により取得費を推定している点において興味深い。

　なお，原告主張の取得価額については，これを証する具体的な資料がないとして採用されていない。

2　国税不服審判所が基準地価格に指数を適用した事例

【平成 10 年 6 月 16 日裁決】

> 　平成 10 年 6 月 16 日裁決〔TAINS・F0-1-526〕は，課税庁による概算取得費
> の更正処分が退けられ，裁決において市街地価格指数が用いられた事例である。
> 　本件の譲渡資産は，昭和 43 年に審査請求人（以下，本章において「請求人」
> という）の父が貸付金の代物弁済により取得している。譲渡資産が代物弁済に
> よって取得されている場合，その土地の取得費は，代物弁済時の時価をもって
> 取得に要した金額となる[2]。
> 　ただし，貸付金の額及び代物弁済の事実を証する資料がなく，また，本件土
> 地の所有権移転登記が行われた昭和 43 年における時価を直接算定できる資料
> がないことから，請求人は，売買実例に路線価等の地価変動率を用いて取得時
> の時価を求め，支払った代位弁済金を加えたものを取得費とした。
> 　裁決においては，譲渡時の時価を都道府県地価調査の基準地価格を基礎とし
> て市街地価格指数を用いて取得費が推定されている。

（1）　事案の経緯

① 　請求人の亡父は，昭和 42 年当時，訴外甲に対して貸付金（以下「本件貸付金」
　　という）があり，その返済に代えて地積 570.43m² の宅地及び地積 310.27m² の宅
　　地（以下，これらの宅地をあわせて「本件土地」という）をいわゆる代物弁済に
　　より取得した。

② 　請求人は，本件土地を平成 6 年 3 月 15 日付の不動産売買契約書に基づき〇〇円
　　（非公開）で乙へ譲渡した。

③ 　請求人は，平成 8 年 2 月 5 日，平成 6 年分の所得税について，青色の確定申告
　　書を原処分庁に提出した。

④ 　原処分庁は，これに対し，平成 8 年 5 月 20 日付で第 1 次更正処分をし，その後，

---

[2] 　国税庁質疑応答事例「代物弁済により取得した土地の取得費」，昭和 61 年 8 月 13 日裁決
　　〔裁決事例集 32 巻 59 頁〕

平成 9 年 5 月 2 日付で第 2 次更正処分等の再更正処分及び重加算税の賦課決定処分をした。

（2）　請求人の主張

本件土地の取得費について，本件貸付金の額及び当該代物弁済の事実を証する資料がなく，また，本件土地の所有権移転登記が行われた昭和 43 年における時価を直接算定できる資料がないことから，本件土地の取得時の時価を次のとおり算定した。

①本件土地の譲渡時の時価を乙が丙に売却したときの価額 61,200,000 円とみなした上，②本件土地の取得時期を本件土地の時価を算定することができる資料が存在する昭和 45 年とし，③昭和 45 年における本件土地の価額を 100 として，④昭和 45 年から昭和 52 年までの路線価の変動率 199 を算定し，⑤次に，基準地（国土利用計画法施行令 9）のうち用途等がその他地域で，圏域が地方平均の昭和 53 年から平成 6 年までの地価変動率 97.51 を算定して，⑥昭和 45 年から平成 6 年までの変動率 296.51（上記④及び⑤の変動率の合計）を求め，次のとおり計算した金額 20,640,113 円を取得時の時価とした。

$$61,200,000 \text{円} \times \frac{100}{296.51} \fallingdotseq 20,640,113 \text{円}$$

また，請求人は，昭和 42 年 8 月 2 日付で登記された○○を債務者，○○を権利者とする極度額 5,000,000 円の根抵当権を抹消するため，昭和 44 年頃，○○の債務 3,600,000 円を支払っている（以下，この支払金を「本件代位弁済金」という）。

さらに，請求人は，○○との間に生じた本件土地の所有権及び損害賠償に関する紛争，別の A 土地の所有権に関する紛争等を解決するために，平成 9 年 11 月 28 日付で和解契約を締結し，和解金 15,000,000 円（以下「本件和解金」という）を支払っている。

そうすると，本件代位弁済金と本件和解金の合計額 18,600,000 円のうち，本件土地に係る部分の金額については本件土地の取得費を構成することから，本件代位弁済金と本件和解金の合計額 18,600,000 円を平成 10 年 1 月 1 日現在の本件土地の固定資産税評価額 29,063,100 円と A 土地の固定資産評価額はゼロ円となっているものの

その地積及び地目からみて相当と考えられる固定資産税評価額 3,000,000 円とで次のとおりあん分すると，本件土地に係る部分の金額は 16,859,681 円となる。

$$18,600,000 \text{円} \times \frac{29,063,100 \text{円}}{29,063,100 \text{円} + 3,000,000 \text{円}} \fallingdotseq 16,859,681 \text{円}$$

以上の結果，本件土地の取得費は，本件土地の取得時の時価 20,640,113 円並びに本件代位弁済金及び本件和解金の合計額 18,600,000 円のうち本件土地に係る部分の金額 16,859,681 円の合計額 37,499,794 円となる。

（3） 原処分庁の主張

請求人は，本件土地は本件貸付金の代物弁済により提供されて取得したものであるが，本件貸付金の額については明らかでなく，また，本件代位弁済金及び本件和解金のうち本件土地に係る部分の金額については，本件土地の取得費を構成するから，本件土地の取得費は，代物弁済がされたときにおける本件土地の時価並びに本件代位弁済金及び本件和解金の合計額のうち本件土地に係る部分の金額の合計額である旨主張する。

しかしながら，①請求人は，原処分に係る調査及び異議調査においてこのような主張はしておらず，また，当該主張を裏付ける証拠も提出していなかったこと，②本件貸付金の額及び請求人が代物弁済契約を締結した事実を確認することができる資料はないことからすれば，請求人の主張を信用することはできない。

したがって，措置法 31 条の 4 の規定を準用し，本件土地の譲渡価額の 100 分の 5 に相当する額を本件土地の取得費と認定する。

（4） 判断

① 認定事実

請求人提出資料，原処分関係資料及び当審判所の調査によれば，次の事実が認められる。

（ⅰ）本件土地の取得費の額について，当該金額を裏付ける資料がなく，実額で算定できないことについては請求人及び原処分庁の双方に争いがない。

（ⅱ）本件土地の所在地については，本件土地の譲渡時である平成6年3月15日現在において，地価公示法に基づく公示地及び公示価格は設定されていない。

（ⅲ）本件土地については，国土利用計画法施行令9条の規定に基づく用途区分はされておらず，さらに，同条に基づく標準価格も設定されていないが，その周辺の地域については，基準地7件について昭和54年7月1日の標準価格が設定されている。

（ⅳ）本件土地については，昭和43年11月16日の売買を原因として，○○から請求人に同年11月27日に所有権移転登記がされている。

②　判断

　上記事実に基づき判断すると，請求人の主張は，①本件土地は昭和43年11月27日に所有権移転登記が行われているが，本件土地の取得時期を昭和45年としていること，②本件土地の譲渡時の時価を算定するに当たり，本件土地の請求人の売却先である乙が丙に売却した価額を採用していること，③本件土地の所在地は○○であるにもかかわらず，本件土地の地価の変動率として，○○の昭和45年から昭和52年までの相続税財産評価基準額を採用していることから，合理的でない。

　また，原処分庁の主張は，昭和28年1月1日以後に取得した土地についても適用できるとして措置法31条の4の規定を準用しているが，当該規定は，昭和27年12月31日以前に取得した土地の取得費を算定するに当たって規定しているものであり，また，納税者が取得費を算定する場合には，譲渡価額の5％としても差し支えないとするものであり，本件の場合，請求人は本件土地の取得費について前述のとおり主張しているのであるから，当該措置法の規定には該当しない。

　そこで，本件土地の基準地7件については，標準価格が設定されているので，本件土地の取得時の時価は，本件土地の用途区分が現在に至っても指定されていないため，住宅地域，商業地域等に区分することなく，上記7件の全ての基準地の標準価格に基づき，また，六大都市を除く市街地価格指数を採用するに当たっては，本件土地に用途区分が指定されていないことから，住宅地あるいは商業地の価格指数を採用するのではなく，全用途の価格推移指数に基づき，次の方法により算定すべきである。

A 本件土地において地価公示法に基づく公示価格及び国土利用計画法施行令9条の規定に基づく標準価格が設定されていないことから，本件土地周辺の基準地の1平方メートル当たりの標準価格とその基準地の1平方メートル当たりの相続税評価額（地方税法381条《固定資産課税台帳の登録事項》の規定により土地課税台帳に登録された固定資産税評価額に財産評価基本通達に基づき国税局長が定めた平成6年分の相続税財産評価基準に定められた宅地の倍率を乗じた額をいう）との比率及び本件土地の譲渡時の相続税評価額に基づき，本件土地の譲渡時における時価相当額を推定する。

B 次に，上記Aにより算定した本件土地の譲渡時における時価相当額を基礎として，財団法人日本不動産研究所が調査した六大都市を除く市街地（住宅地）価格指数により，本件土地を取得した昭和43年11月27日現在の本件土地の取得価額を推定する。

C 前記Aにより算定した本件土地の譲渡時における時価相当額を基礎として，本件土地の基準地に標準価格が設定された昭和54年7月1日までの六大都市を除く市街地（住宅地）価格指数及び昭和54年7月1日から本件土地の譲渡時までの標準価格の変動率により，各基準地から求められた本件土地の取得価額を推定する。

D 前記B及び上記Cの方法により算出した額を平均し，当該金額を本件土地の取得価額5,517,950円とする。

〈ポイント〉

　本件の譲渡資産は，昭和43年に請求人の亡父が取得したものであり，措置法31条の4にいう昭和27年12月31日以後の取得となる。亡父は本件土地を貸付金の代物弁済により取得しているため，当時の時価により取得に要した金額とするのであるが，その時価を直接算定できる資料がないことから，都道府県地価調査及び市街地価格指数により推定することとされている。

　本件においては，付近に公示価格がないことから都道府県地価調査の基準地

価格によることとし，まずは①その基準地価格と相続税評価額（ここでは倍率方式であるため固定資産税評価額に評価倍率を乗じた額）との比率を本件土地に当てはめ，本件土地の譲渡時の時価相当額を推定した（図表参照）。

次に，②そのように算定した本件土地の時価相当額を基礎として，市街地価格指数により，取得時である昭和43年11月27日現在の取得価額を推定した。

あわせて，③本件土地の時価相当額を基礎として，基準地価格データがある年分は基準地価格，データがない年分は市街地価格指数の変動率により本件土地の取得価額を推定した。

最後に，②の市街地価格指数により算出した額と③の基準地価格と市街地価格指数の組み合わせにより算出した額とを平均し，本件土地の取得価額を算出している。

なお，裁決において，納税者が実額取得費を主張している以上，課税庁より当該措置法の規定によることはできないとされている点で興味深い。

① 近隣の基準地における基準地価格と相続税評価額の比率を求める。

$$\text{比率} = \frac{\text{平成６年基準地価格}}{\text{平成６年相続税評価額}}$$

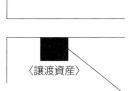

〈基準地〉

〈譲渡資産〉

② 譲渡資産の相続税評価額に①の比率を乗じて，譲渡資産の平成６年の時価相当額を算出する。
　　譲渡資産の相続税評価額×①の比率＝譲渡資産の時価相当額

③ ②により求めた平成６年の時価相当額に，市街地価格指数の変動率を用いて，昭和43年の取得費を推定する。

$$\text{譲渡資産の時価相当額} \times \frac{\text{昭和43年の市街地価格指数}}{\text{平成６年の市街地価格指数}} = \text{推定取得費}$$

2 当初申告における市街地価格指数が否認された事例

第二に、裁判例・裁決例において市街地価格指数による推定が採用されなかった事例である。

そのうちの1つは、措置法31条の4（概算取得費）が適用される昭和27年12月31日以前から引き続き所有していた土地建物について、納税者が市街地価格指数によって取得費を推定した事例である。

また1つは、納税者が当初申告で概算取得費を適用し、その後、市街地価格指数によって取得費を推定して更正の請求を行った事例である。

1　昭和27年以前から所有していた土地建物

【令和2年12月15日裁決】

令和2年12月15日裁決〔TAINS・F0-1-1283〕は、請求人が、昭和27年12月31日以前から引き続き所有していた土地建物について、当該土地の取得費を市街地価格指数によって算出して確定申告をしたのに対し、原処分庁が、当該土地の取得費は概算取得費によるべきであるとして更正処分をした事案である。

（1）　事案の経緯

① 請求人の祖父は、昭和23年7月2日に自作農創設特別措置法16条の規定[3]による売渡しにより本件土地を取得し、昭和25年5月10日、その旨の所有権移転

---

[3] 戦前までの大地主制度を改め、自作農を中心とする民主的な農村社会の形成を促進するため、昭和21（1946）年10月21日に自作農創設特別措置法が公布され、同年12月29日に施行された。自作農創設特別措置法と農地調整法改正法に基づいて、不在地主の小作地全てと、在村地主の小作地のうち一定の保有限度を超える分は、国が強制買収し、実際の耕作をしている小作人に優先的に低価格で売り渡すこととなった。

なお、自作農創設特別措置法は、昭和27（1952）年10月の農地法施行に伴い廃止されている。

登記をした。

② 　請求人の祖母は，○○年○○月○○日に祖父から相続により本件土地を取得し，同年 12 月 13 日，その旨の所有権移転登記をした。

③ 　請求人の父は，昭和 56 年 4 月 30 日に本件土地上に鉄骨造亜鉛メッキ鋼板葺 2 階建の店舗・共同住宅（以下「本件建物」という）を新築し，昭和 57 年 7 月 19 日，その旨の表題登記をした。

④ 　請求人は，○○年○○月○○日に父から相続により本件建物を取得後，平成 12 年 2 月 1 日に本件建物の所有権保存登記手続をし，同年 6 月 5 日に本件建物の一部取壊しを行って同年 9 月 11 日に床面積の変更登記をした。

⑤ 　請求人は，○○年○○月○○日に祖母から相続により本件土地を取得し，平成 14 年 7 月 24 日，その旨の所有権移転登記をした。

⑥ 　平成 29 年 12 月 6 日，請求人は，本件土地及び本件建物を売買する旨の不動産売買契約を締結（以下，当該不動産売買契約に係る契約書を「本件売買契約書」という）し，同年 12 月 14 日，同日を売買の原因とする所有権移転登記をした（以下「本件譲渡」という）。

⑦ 　本件売買契約書には，本件土地及び本件建物の各譲渡価額の記載はなかった。

⑧ 　請求人は，原処分庁に対し，平成 29 年分の確定申告書を法定申告期限内に提出した。

⑨ 　原処分庁は，原処分庁所属の調査担当職員の調査により，令和元年 12 月 13 日付で，更正処分（以下「本件更正処分」という）及び過少申告加算税の賦課決定処分（以下「本件賦課決定処分」という）を行った。

⑩ 　請求人は，上記の本件更正処分及び本件賦課決定処分に不服があるとして令和 2 年 2 月 10 日に審査請求を行った。

⑪ 　請求人から審判所に対して，祖父，祖母及び請求人が本件土地の取得に要した金額及び改良費等の額を直接証明する資料の提出はなかった。

（2）　請求人の主張

　祖父が昭和 23 年 7 月 2 日に自作農創設特別措置法 16 条の規定による売渡しにより本件土地を取得した時点では，請求人は誕生しておらず，この世に存在しない人

間が，土地を引き続き所有していたとみなすことは不可能であることから，請求人が本件土地を取得した日は，請求人が祖母から相続により取得したときである。

よって，取得費が不明である昭和28年1月1日以降に相続により取得した土地の取得費については，相続時の時価評価で容認されるべきであり，請求人が採用した一般財団法人日本不動産研究所の市街地価格指数を用いて算定した推認時価相当額をもって取得費とする方法は，平成12年11月16日裁決で国税不服審判所も合理性があると判断しているから，本件土地の取得費は，当該指数を用いて計算した金額とすべきである。

土地と建物の譲渡価額の内訳については，本件売買契約書に土地及び建物の各譲渡価額の記載がなかったことから，本件建物に係る譲渡価額を本件建物の平成29年分の固定資産税評価額とし，譲渡価額との差額を本件土地に係る譲渡価額とした。

次に，取得費を下記A及びBの合計額とした。

A　本件土地

一般財団法人日本不動産研究所が公表する市街地価格指数を用いて，本件土地の譲渡価額を，請求人が本件土地を譲渡した平成29年9月末現在の九州・沖縄地方の住宅地の指数である62.8％で除した金額に，請求人が祖母から本件土地を相続した平成13年3月末現在の市街地（六大都市を除く）の住宅地の指数である96.0％を乗じて計算した金額とした。

B　本件建物

請求人の平成29年分所得税の青色申告決算書（不動産所得用）に記載された本件建物及び店舗改装工事の各取得価額の合計額から，償却費相当額を差し引いた金額とした。

（3）　原処分庁の主張

請求人は，○○年○○月○○日に本件土地を祖母から相続しているところ，祖母は，○○年○○月○○日に祖父から相続により本件土地を取得し，祖父は，昭和23

年7月2日に自作農創設特別措置法16条の規定による売渡しにより本件土地を取得している。

そうすると，所得税法60条1項[4]の規定により，請求人は，昭和23年7月2日から引き続き本件土地を所有していたものとみなされるから，本件土地についての取得費は，祖父及び祖母並びに請求人が本件土地を取得するのに要した金額であると認められる。

そして，原処分調査の際，請求人及び税理士から，本件土地の取得に係る費用を明確にする資料の提出がないだけでなく，原処分調査においても，本件土地の取得に要した費用に関する資料は確認されていないため，本件土地の取得費は，措置法31条の4第1項の規定を適用して計算した概算取得費の額とすべきである。

土地及び建物の譲渡価額の内訳については，請求人の主張と同様である

次に，取得費を下記A及びBの合計額とした。

A　本件土地

請求人は，昭和23年7月2日から引き続き本件土地を所有していたものとみなされること，及び請求人から本件土地の取得費に係る費用を明確にする資料の提出がなかったことから，措置法31条の4の規定を適用して，本件土地に係る譲渡価額の100分の5に相当する概算取得費の額とした。

B　本件建物

請求人が原処分庁へ提出した平成29年分確定申告書に添付された平成29年分青色申告決算書に記載された，本件建物及び本件建物の取得費に算入される各費用の平成28年末における未償却残高から平成29年分の減価償却費の額を差し引いた金額とした。

---

(4)　所得税法60条（贈与等により取得した資産の取得費等）

居住者が次に掲げる事由により取得した前条1項に規定する資産を譲渡した場合における事業所得の金額，山林所得の金額，譲渡所得の金額又は雑所得の金額の計算については，その者が引き続きこれを所有していたものとみなす。

一　贈与，相続（限定承認に係るものを除く。）又は遺贈（包括遺贈のうち限定承認に係るものを除く。）

第3章　土地の取得費をめぐる裁判例・裁決例　*75*

（4）　判断

①　当てはめ

　本件土地は，昭和23年7月2日に請求人の祖父が自作農創設特別措置法16条の規定による売渡しにより取得し，その後，順次祖母及び請求人が単純承認による相続を原因として取得していることが認められる。

　そうすると，祖父及び祖母の各相続の時点では，資産の増加益が具体的に顕在化しないため，各相続の時点における増加益に対する課税が繰り延べられていることとなる。

　そして，請求人が本件土地を譲渡し，譲渡所得の金額の計算をする際には，祖父及び祖母が本件土地を取得するために要した各費用が請求人に引き継がれ，課税を繰り延べられた祖父及び祖母の資産の保有期間に係る増加益も含めて請求人に課税されるとともに，資産の取得時期も引き継がれる結果，資産の保有期間についても祖父及び祖母の保有期間が通算されることとなる。

　しかるに，請求人からは本件土地の取得に要した金額及び改良費等の額を直接証明する資料の提出はなく，また，当審判所の調査によっても明らかにならなかったことから，本件土地の取得費の金額の計算においては，措置法31条の4第1項の規定による概算取得費の額をもって本件土地の取得費とするのが相当である。

②　請求人の主張について

　請求人は，昭和23年に祖父が本件土地を取得した時点では誕生しておらず，この世に存在しない人間が，本件土地を引き続き所有していたとみなすことは不可能であることから，請求人が本件土地を取得した日は，請求人が祖母から相続したときである旨主張する。

　しかしながら，請求人が，祖父が本件土地を取得した日である昭和23年7月2日から本件土地を引き続き所有していたとみなされることから，この点に関する請求人の主張には理由がない。

　また，請求人が採用した一般財団法人日本不動産研究所の市街地価格指数を用いて算定した推認時価相当額をもって取得費とする方法は，平成12年11月16日裁決で国税不服審判所も合理性があると判断している旨主張する。

しかしながら，上記裁決は，昭和28年1月1日以後に取得した土地の取得費について判断した個別の事例判断であり，前提となる事実関係が異なる本件には当てはまらないものであるから，この点に関する請求人の主張には理由がない。

〈ポイント〉

　本件の主な争点は，納税者が相続によって取得した土地の取得時期について，納税者が相続によって取得した平成12年か，もともとの所有者である納税者の祖父が取得した昭和23年となるかである。ここでは，相続や贈与によって取得した土地建物は，被相続人や贈与者が取得したときとされている（所法60①）。

　そうなると祖父が土地を取得した時期は昭和23年ということになり，本件土地の取得に要した費用に関する資料がないため，措置法31条の4の適用範囲ということになる。

　なお，建物については，事業に使われていたことから青色申告決算書に記載があり，その未償却残高の金額が取得費とされている。

3 更正の請求において市街地価格指数が採用されなかった事例

　以下の3つの事例は，納税者の更正の請求において，市街地価格指数による推定取得費の採否が争われた事例である。

1 平成26年3月4日裁決

　平成26年3月4日裁決〔TAINS・F0-1-589〕は，請求人が，相続により取得した土地を譲渡したことによる取得費を概算取得費として平成23年分の所得税の確定申告をした後，一般財団法人日本不動産研究所（以下「日本不動産研究所」という）が公表する市街地価格指数を基に算出した金額を取得費とすべきであったとして，更正の請求をしたのに対し，原処分庁が，請求人は当該土地の取得に要した実際の金額を証明していないとして，更正をすべき理由がない旨の通知処分を行った事案である。

（1）　事案の経緯

① 　請求人甲，同乙，同丙（以下，あわせて「請求人ら」という）は，○○年○○月○○日に死亡した被相続人の共同相続人である。

② 　被相続人の相続により，次のCからEの各土地（以下，これらをあわせて「本件各土地」という）の共有持分（請求人甲が47/100，請求人乙が22/100，請求人丙が31/100）を取得した。

本件各土地	地目・地積	取得年月日
本件C土地	雑種地　　　　　662m²	昭和37年12月24日
本件D土地	雑種地　　　　　436m²	昭和38年11月18日
本件E土地	いずれも畑合計 1,347m²	昭和40年6月12日

③ 　請求人らは，平成23年11月22日，本件C土地を代金64,000,000円で訴外会

社に売り渡す旨の不動産売買契約を締結し，平成 24 年 2 月 2 日，本件 C 土地を
同社に引き渡した。

④　請求人らは，平成 23 年 11 月 21 日，本件 D 土地を代金 77,777,777 円で訴外会
社に売り渡す旨の不動産売買契約を締結し，同年 12 月 16 日，本件 D 土地を同社
に引き渡した。

⑤　請求人らは，平成 23 年 11 月 21 日，本件 E 土地を代金○○円で訴外会社に売
り渡す旨の不動産売買契約を締結し，平成 24 年 2 月 20 日，本件 E 土地を同社に
引き渡した。

⑥　請求人らは，本件各土地の各取得費について，各譲渡による収入金額（譲渡価
額）の 100 分の 5 に相当する金額であるとして法定申告期限内に確定申告書（以
下「本件各申告」といい，本件各申告に係る各申告書を「本件各申告書」という）
を提出した。

⑦　請求人らは，本件各土地の取得費について，各譲渡による収入金額（譲渡価
額）に，取得時の市街地価格指数（六大都市市街地価格指数）を譲渡時の市街地
価格指数（六大都市市街地価格指数）で除した各割合を乗じて算定した各金額
（以下「請求人ら主張額」という）とすべきであったとして各更正の請求（以下
「本件各更正の請求」という）を行った。

⑧　原処分庁は，本件各更正の請求に対し，請求人らが，譲渡所得の金額の計算上
控除する取得費について，本件各土地の取得に要した実際の金額を証明していな
いとして更正をすべき理由がない旨の各通知処分を行った。

（2）　請求人の主張

　資産の取得時期は判明しているものの実際の取得費の額を直接証明する契約書等
の資料がない場合，当該資産の取得時の時価をもって取得しているものと推認され
ることからすると，取得費の額は，取得時の時価を推計する方法により算定せざる
を得ない。

　そして，土地の取得費を算定する方法として，市街地価格指数を基に算定する方
法が考えられるところ，平成 12 年 11 月 16 日付国税不服審判所裁決（以下「平成
12 年裁決」という（詳細は第 4 章■を参照））において，上記算定方法は合理的で

第 3 章　土地の取得費をめぐる裁判例・裁決例　　*79*

あると認められている。

　本件各土地については，取得時期は判明しているものの実際の取得費を直接証明する証拠資料はないところ，請求人ら主張額は，取得時の市場価格を反映しているから，取得時の時価，すなわち推認される取得費として，合理的な金額である。

　概算取得費に関する措置法31条の4第1項の規定は，昭和27年12月31日以前から引き続き所有していた土地を譲渡した場合における譲渡所得の金額の計算に適用されるものであり，昭和28年1月1日以後に取得した土地を譲渡した場合における譲渡所得の金額の計算に当該規定を適用するのは，措置法通達31の4-1の定めにより，納税者の利益に反しない限り，実務上認容されているものに過ぎない。

　したがって，昭和28年1月1日以後に取得した土地を譲渡した場合における譲渡所得の金額の計算に措置法31条の4第1項の規定を適用するのは，厳格に法律のみに則るべきという観点からすれば，当該計算が国税に関する法律の規定に従っていないものであるといえる。

　また，昭和28年1月1日以後に取得した土地を譲渡した場合における譲渡所得の金額の計算に措置法31条の4第1項の規定を適用する場合があるとしても，収入金額の100分の5という概算取得費の額は，実態からかけ離れた納税者に不利なものであるから，少なくとも，納税者が他の合理的な算定方法による取得価額を明示している場合にまで一律に措置法31条の4第1項の規定を適用することは，納税者の利益に反するものであり許されない。しかるに，本件の場合，請求人らは合理的な算定方法による取得価額である請求人ら主張額を明示しているのであるから，譲渡所得の金額の計算に措置法31条の4第1項の規定を適用することは，納税者の利益に反し許されない。

（3）　原処分庁の主張

　市街地価格指数は，東京区部，横浜，名古屋，京都，大阪及び神戸の六大都市における宅地価格の推移を示す指標であるところ，①本件各土地が所在する○○は上記六大都市に該当せず，また，②本件各土地の取得時の現況はいずれも畑であると推認されるから，市街地価格指数は本件各土地に当てはまるものではない。さらにいえば，③市街地価格指数は，地価の長期的変動の傾向や平均的な地価の推移を見

るには適しているが，各都市の地価の絶対的水準を示すものではない。

　したがって，請求人ら主張額は，本件各土地の取得時（昭和38年ないし昭和40年当時）の市場価格を反映した時価相当額であるとは認められない。

　なお，平成12年裁決は，宅地の取得費に係る事件であり，畑の取得費に係る事件である本件とはその前提を異にすることから，直ちに本件に妥当するものではない。

　概算取得費に関する措置法31条の4第1項の規定は，昭和27年12月31日以前から引き続き所有していた土地を譲渡した場合における譲渡所得の金額の計算に適用されるものであるが，昭和28年1月1日以後に取得した土地を譲渡した場合であっても，納税者の利益に反しない限り，取得費の計算方法を異にしなければならない特段の理由は存在しない。

　そのため，措置法通達31の4-1が定められたものであり，当該定めは，実際の取得費が証明できない納税者にとってはその利益に反しないものであるから，その趣旨等において，租税法律主義に反するものとは認められず，昭和28年1月1日以後に取得した土地を譲渡した場合における譲渡所得の金額の計算に措置法31条の4第1項の規定を適用したとしても，当該計算が国税に関する法律の規定に従っていないものであるとはいえない。

（4）　判断
①　認定事実

　請求人ら提出資料，原処分関係資料及び当審判所の調査の結果によれば，次の事実が認められる。

（i）　被相続人の本件各土地の取得状況等について

　請求人らは，被相続人が本件各土地を売買により取得した際の売買代金の額を明らかにする契約書といった資産の取得に要した金額及び改良費の額の合計額（取得費）を直接証明する証拠資料を提出しなかった。

　請求人らは，本件各土地の取得に要した金額及び改良費の合計額（取得費）について，これを直接証明する証拠資料がなく，実際の金額が不明であることから，市街地価格指数（六大都市市街地価格指数）を基に取得時の時価を算定する方法によ

第3章　土地の取得費をめぐる裁判例・裁決例　　*81*

り，当該算定した取得時の時価（請求人ら主張額）が本件各土地の取得費であると推認すべきとの立場をとるものである。

　なお，被相続人が取得した当時の本件各土地の地目は，いずれも畑であった。

(ⅱ)　市街地価格指数について

　市街地価格指数は，日本不動産研究所が，全国主要都市内で選定された宅地の調査地点について，各年3月末及び9月末の年2回，不動産鑑定士等による価格調査を行い，これを基に指数化したものであり，都市内（市街地）の宅地価格の平均的な変動状況を全国的・マクロ的に見るのに適しているものである。

　また，市街地価格指数は，地価の長期的変動の傾向を見るための我が国唯一の指標として従来から利用されているものである。

　このように，市街地価格指数とは，市街地の宅地価格の推移を現す指標としての性格を持っているが，個別の宅地価格の変動状況を直接的に示すものであるとはいえない。

　市街地価格指数のうちの六大都市市街地価格指数とは，昭和30年から，東京区部，横浜，名古屋，京都，大阪及び神戸の六大都市の市街地の宅地価格の推移について，商業地域，住宅地域及び工業地域の3地域に分類し，平成12年3月末を100として，平均指数を示すものである。

②　当てはめ

　更正の請求においては，その請求をする者に自ら記載した申告内容が真実に反し，請求に理由があることの主張立証責任が課されていると解され，本審査請求においても，請求人らが，本件各申告書に記載した納付すべき税額が過大であることについて主張立証すべきものと解される。

　本件各申告書に記載した譲渡所得の金額若しくは税額等の計算が国税に関する法律の規定に従っていなかったことにより，本件各申告書の提出により納付すべき税額が過大であるか否かは，まずもって，取得費の額が請求人ら主張額であると認められるか否かによるので，以下，請求人ら主張額の当否について検討することとする。

市街地価格指数は，都市内の宅地価格の平均的な変動状況を全国的・マクロ的に見ることや，地価の長期的変動の傾向を見ることに適しているものであって，そもそも個別の宅地価格の変動状況を直接的に示すものではない。このことからすると，本件各土地の譲渡価額に市街地価格指数を用いた割合を乗じることにより算定された金額である請求人ら主張額は，被相続人が本件各土地を取得した時の市場価格を常に適切に反映するものとまではいえない。

　そして，請求人らが採用した六大都市市街地価格指数は，東京区部をはじめとする全国の主要大都市の宅地価格の推移を示す指標であるところ，①本件各土地の所在地はいずれも○○であって，上記六大都市には含まれていないこと，②被相続人が本件各土地を取得した当時の本件各土地の地目は，いずれも畑であって，宅地ではないこと（さらにいえば，畑と宅地では価格の変動状況が異なるのが通常であること）からすると，所在地や地目の異なる六大都市市街地価格指数を用いた割合が，本件各土地の地価の推移を適切に反映した割合であるということはできない。

　したがって，請求人ら主張額は，被相続人が本件各土地を取得した時の時価であると認められない。

　請求人ら主張額は，被相続人が本件各土地を取得した時の時価であるとは認められない以上，請求人ら主張額が本件各土地の取得費（取得に要した金額及び改良費）であるとすることもできない。

〈ポイント〉

　本件は，納税者が当初申告において概算取得費を適用し，市街地価格指数による推定を用いて更正の請求を行った事案である。更正の請求では，納税者による申告により一旦確定した税額等を納税者に有利に変更するものであり，請求を基礎付ける資料の収集も通常納税者が最も容易になし得ることから，その請求をする者に自ら記載した申告内容が真実に反し，請求に理由があることの主張立証責任を課しているものと解されている。

　そこで，土地の取得に要した金額が不明であり，その金額を直接証明する資料がない場合，市街地価格指数を基に推定した取得費をもって，譲渡所得の金

額若しくは税額等の計算が国税に関する法律の規定に従っていなかったとして納付すべき税額が過大となったということを立証できるか否かである。

　ここでは，市街地価格指数は，都市内の宅地価格の平均的な変動状況を全国的・マクロ的に見るものであることや，地価の長期的変動の傾向を見ることに適しているものであって，そもそも個別の宅地価格の変動状況を直接的に示すものではないことから，取得者が取得した時の市場価格を常に適切に反映するものとまではいえないとされている。

　したがって，そのような市街地価格指数による推定方法では，当初の申告書に記載した譲渡所得の金額若しくは税額等の計算が国税に関する法律の規定に従っていなかったことにより，納付すべき税額が過大であったということを証明できていないということになる。

2　平成30年5月7日裁決

　平成30年5月7日裁決〔TAINS・F0-1-987〕は，請求人が，相続により取得した土地及び建物を譲渡したことによる譲渡所得の金額の計算上，当該土地の取得費を概算取得費として平成27年分の確定申告をした後，一般財団法人日本不動産研究所が公表する全国市街地価格指数などを基に算出した金額を取得費とすべきであったとして更正の請求をしたところ，原処分庁が，更正をすべき理由がない旨の通知処分を行った事案である。

（1）　事案の経緯

① 　請求人の父は，昭和3年に家督相続により下表の番号1及び2並びに5ないし7の各土地を取得し，昭和4年1月16日に所有権移転登記をした。

② 　請求人の父は，昭和38年4月6日に下表の番号3及び4の各土地を売買により取得し，同月22日に所有権移転登記をした（以下，下表の番号3及び4の各土地をあわせて「本件土地」といい，同表の番号1ないし4の各土地をあわせて「本件第1土地」，同表の番号5ないし7の各土地を併せて「本件第2土地」という）。

【土地の明細】

番号	所 在	地 番	地 目	地 積	備 考	
1	（非公開）		雑種地	143m²		本件第1土地
2	（非公開）		田	358m²		
3	（非公開）		田	801m²	本件土地	
4	（非公開）		畑	36m²		
5	（非公開）		田	167m²		本件第2土地
6	（非公開）		雑種地	70m²		
7	（非公開）		田	326m²		

③ 請求人が代表取締役を務める訴外法人は，昭和53年11月13日，本件土地上に建物（以下「本件第1建物」という）を，また昭和61年10月1日に建物（以下「本件第2建物」という）をそれぞれ新築した。

④ 請求人の父は，昭和63年12月26日，訴外法人から本件第1建物及び本件第2建物を売買により取得し，平成元年3月30日に所有権移転登記をした。

⑤ 請求人及び請求人の母は，平成○年○月○日，父から上記の土地及び建物を相続により共有取得し，平成13年12月18日，その旨の所有権移転登記をした。

⑥ 請求人は，平成○年○月○日，母から上記の土地及び建物の共有持分を相続により取得し，平成22年1月20日，その旨の共有持分全部移転登記をした。

⑦ 請求人は，平成27年8月28日，○○との間で本件第1土地及び本件第1建物を○○円（内訳は，本件第1土地が○○，本件第1建物が○○円，消費税及び地方消費税の合計額が○○円である）で売買する旨の不動産売買契約を締結し，同年12月25日に引き渡し，同日受付の同日売買を原因とする所有権移転登記をした。

⑧ 請求人は，平成27年8月28日，○○との間で本件第2土地及び本件第2建物を○○円（内訳は，本件第2土地が○○，本件第2建物が○○円，消費税及び地方消費税の合計額が○○円である）で売買する旨の不動産売買契約を締結し，同年11月19日に引き渡し，本件第2土地については同日受付の同日売買を原因とする所有権移転登記をし，本件第2建物については取壊しを原因として登記が

閉鎖された（以下，上記⑦の譲渡とをあわせて「本件譲渡」という）。

⑨　請求人は，本件第 1 土地及び本件第 2 土地に係る取得費を概算取得費（譲渡価額×5％）として，平成 27 年分確定申告書を法定申告期限までに原処分庁に提出した。

⑩　請求人は，平成 28 年 11 月 14 日，本件土地の取得費は概算取得費によらず，全国市街地価格指数などを基に算出した金額によるべきであったとして更正の請求（以下「本件更正の請求」という）をした。

⑪　原処分庁は，本件更正の請求に対し，平成 29 年 4 月 26 日付で更正をすべき理由がない旨の通知処分をした。

（2）　請求人の主張

本件土地については，購入時の売買契約書等は見つからないとしても，購入時期は明らかであるから，通常の取引価額を合理的に計算して取得価額を推定すべきである。

そして，請求人の父が本件土地を取得した昭和 38 年当時は，地価が高騰している時期でもあるから，昭和 3 年に家督相続により取得した土地と昭和 38 年に第三者から購入した土地の取得価額を概算取得費をもって同一に取り扱うことは著しく不合理である。

本件土地は，昭和 38 年当時，市街化調整区域内の土地ではなかったため，宅地並みの価格で取引されていたことから，以下の方法が合理的な取得価額の算出方法といえる。

（ⅰ）　全国市街地価格指数に基づく計算

日本不動産研究所が公表する市街地価格指数の割合に基づき時価相当額を算出する方法は，平成 12 年 11 月 16 日付裁決（以下「平成 12 年裁決」という。）において「合理的」であると判断されているのであるから，考慮されるべきであり，当該指数に基づき算出した昭和 38 年当時の本件土地の時価相当額は○○円となる。

【全国市街地価格指数に基づく計算】

　本件土地に係る譲渡収入金額を基礎として，全国市街地価格指数により昭和38年の同土地の価額を算出する。

　すなわち，平成12年3月の住宅地における全国市街地価格指数は「100.0」，平成27年9月における同指数は「59.6」及び昭和38年3月の同指数は「8.26」であるから，これらの指数に基づき，平成12年3月の住宅地における全国市街地価格指数の「100.0」に平成27年9月における同指数の「59.6」の割合を乗じて平成12年3月の本件土地の価額を算出し，次に，昭和38年3月の同指数の「8.26」に平成12年3月の同指数の「100.0」の割合を乗じて，本件土地の価額を算出する。

〈算式〉

　譲渡価額×（100.0÷59.6）×（8.26÷100.0）＝本件土地の時価相当額

（ⅱ）　路線価に基づく計算

　さらに，昭和38年当時は，路線価の設定地域の普及拡大が図られており，路線価を基準とした土地価格の算出方法が時価を反映したものであると考えられる。

　本件土地の昭和38年当時の路線価は設定されていないこと等から，本件土地に近隣する5地点の土地に接面する路線の路線価を任意に抽出した上，当該各地点の昭和38年から平成27年の路線価の変動率（倍率）の平均値をもって，本件土地の路線価に当たる価額を推定した。

【路線価に基づく計算】

　昭和38年分の路線価が確認できる本件土地に近隣する任意に抽出した5地点について，平成27年分における路線価との倍率の平均値を算出し，本件土地に係る平成27年分路線価を同平均値で除して，本件土地に係る昭和38年分の路線価とみなして，本件土地の推定価額を算出する。

地点	所　在	平成27年分路線価	昭和38年分路線価	倍率
A	（非公開）	（非公開）	（非公開）	4.762
B	〃	〃	〃	5.000
C	〃	〃	〃	4.100
D	〃	〃	〃	5.132
E	〃	〃	〃	5.000
平　　均				4.799

　なお，本件土地の平成27年分路線価は○○円であることから，次のとおり計算し，路線価により推定した本件土地の価額を算出した。

① 　○○円÷4.799＝○○円

② 　○○円×837m²＝○○円

（ⅲ）　本件土地の取得費

　上記（ⅰ）及び（ⅱ）により算出した価額は，いずれも推定額であることから，これらの平均価額をもって本件土地の取得費と推定する。

（3）　原処分庁の主張

　請求人の主張する本件土地の取得価額は，次のとおり，本件土地の取得に要した金額並びに設備費及び改良費そのものではなく，また，合理的推定価額ではないから，本件土地の取得費と認めることはできない。

　土地の取得に要した金額が不明である場合には，昭和28年1月1日以後に取得した土地の取得費についても措置法31条の4第1項の規定に準じて計算して差し支えない旨措置法通達31の4–1に定められているから，本件土地の取得費について，更正の請求が認められるか否かは，請求人の主張額が，所得税法38条1項及び同法60条1項の各規定による取得費（その資産の取得に要した金額並びに設備費及び改良費）の額であると認められるか否かによる。

　そして，市街地価格指数は，個別の宅地価格の変動状況を直接的に示すものでは

なく，また，路線価方式は，あくまで相続税法 22 条《評価の原則》に規定する時価について，評価しようとする宅地の価額を算定する評価方法であることからすれば，請求人の主張する取得価額は，本件土地の取得に要した金額並びに設備費及び改良費そのものではないから，本件土地の取得費とは認められない。

仮に，合理的推定価額が取得費として認められるとしても，以下のとおり，請求人の主張額は，合理的推定価額ではない。

① 市街地価格指数は，市街地の宅地価格の推移を表す指標ではあるものの，昭和 38 年には本件土地は農地であって宅地ではなかったから，市街地価格指数を用いた割合は本件土地の価格の推移を適切に反映した割合であるとはいえない。

② 請求人の推定路線価により算出した価額は，本件土地が○○の北側に位置するにもかかわらず，○○の南側に位置する 5 地点の土地に接面する路線の路線価を用いて本件土地の推定路線価を算出していることに加え，路線価方式は，路線価を基として，奥行距離，形状等の差異を加味して評価するものであるが，奥行距離，形状等を加味して評価していない。

（4） 判断
① 認定事実

請求人提出資料，原処分関係資料並びに当審判所の調査及び審理の結果によれば，次の事実が認められる。

（ⅰ） 昭和 38 年当時の本件土地等に係る路線価の設定状況等について

本件土地は，○○から北西約 500m の地点にあるところ，昭和 38 年当時，本件土地が存する地域は町名が○○であり，○○沿いを除いて路線価が設定されておらず，本件土地の接面する路線にも路線価が設定されていなかった。

他方，請求人が本件土地の近隣から任意に抽出したとする 5 地点は，○○南側から西側線路沿いの約 500m までの地域に点在しているところ，昭和 38 年当時，当該各地点が存する地域は町名が○○であり，当該各地点の接面する路線には，いずれも路線価が設定されていた。

第 3 章　土地の取得費をめぐる裁判例・裁決例　　*89*

（ⅱ）　昭和38年当時の本件土地の利用状況等について

　本件土地の不動産登記上の地目は，昭和53年11月13日地目変更（登記の日付は平成27年11月13日）により「宅地」とされるまで，いずれも「田」又は「畑」であり，昭和38年に撮影したとされる航空写真において本件土地上に建物は見受けられず，昭和44年に発行された「全面航空版・東京都，大阪府，名古屋・全住宅案内地図帳」においても「畑・水田」として表示されていたことからすれば，本件土地は，従前農地として利用されていた土地であり，昭和38年当時においても宅地として利用されている状況にはなかった。

（ⅲ）　市街地価格指数について

　市街地価格指数は，日本不動産研究所が，全国主要都市内で選定された宅地の調査地点について，年2回価格調査を行い，これらを基に指数化されるものであり，調査地点数は，原則として1都市10地点とされる。結果を表示する統計表は，「全国市街地価格指数」，「六大都市市街地価格指数」，「六大都市を除く市街地価格指数」などの区分ごとに編成され，このうち「全国市街地価格指数」は，全国223都市の平均指数が商業地域，住宅地域，工業地域の3つの利用地域区分ごとに表示されるものである。

　このように，市街地価格指数は，市街地の宅地価格の推移を表す指標であり，地価の長期的変動の傾向や平均的な地価の推移を見るのに適しているものであり，さらに「全国市街地価格指数」は，都市内の宅地価格の平均的な変動状況を全国的・マクロ的に見るのに適している指標といえる。

②　検討

　請求人は，原処分庁及び当審判所に対して，売買契約書等が見つからないとして，本件土地の実額取得費を直接証明する資料等を提出せず，また，当審判所の調査によっても，本件土地の実額取得費は明らかにならなかったことから，本件土地の譲渡所得の金額の計算においては，納税者の利益に反しない限り，概算取得費をもって当該土地の取得費とするのが相当と認められる。

　この点，請求人は，本件土地については，①譲渡収入金額に全国市街地価格指数

により求めた割合（変動率）を乗じることによって算出した昭和38年当時の推定価額と，②近隣する5地点の路線価の平均倍率（変動率）から求めた昭和38年当時の推定路線価を基に算出した価額との平均額（以下「請求人推定額」という）をもって，取得費とするのが相当である旨主張し，これに対して，原処分庁は，請求人推定額は実額取得費ではなく，合理的な推定価額とも認められない旨主張する。

そこで，請求人の主張する算定方法が昭和38年当時の本件土地の価額を推定する方法として合理的なものであるか否かについて，また，そのほか概算取得費を用いることにつき納税者の利益に反する具体的な事情が認められるかについて，以下検討する。

本件土地は，昭和38年当時に宅地として利用されている状況になかったことが認められるところ，市街地価格指数は「宅地価格」の推移を表す指標であり，また，路線価は，原則として「宅地」の評価に用いるものであるから，これらの指数又は金額の昭和38年から平成27年（本件譲渡の年）までの変動率をもって，本件土地のように農地から昭和38年以後に宅地へと利用形態の変更があった土地の昭和38年当時の価格を推定すること自体，その前提を欠くものといわざるを得ない。

その点は置くとしても，請求人が請求人推定額の算定の基礎とする「全国市街地価格指数」は，全国223都市の平均指数を3つの利用地域区分ごとに表示する極めて概括的なものであり，宅地価格の平均的な変動状況を全国的・マクロ的に見るのに適しているものではあっても，個別の宅地価格の推移を推し量る指標として適当なものとはいい難い。

また，本件土地の存する地域と，請求人が本件土地の近隣から任意に抽出したとする5地点が存する地域は，○○により北と南に分断されており，昭和38年及び平成27年のいずれの時点においても町名を異にし，昭和38年当時の路線価の設定状況も異にしているところ，昭和38年当時において，それぞれの地域における土地の利用形態や価格水準などの経済的な事情は明らかに異なるものであったことが伺われる。このように状況の異なる地域の路線価の変動率をもって，昭和38年当時路線価の設定のなかった本件土地が接面する路線の路線価を推定するという方法は，合理的なものであるとはいい難い。

したがって，請求人の主張する算定方法は，本件土地の昭和38年当時の価額を推

定する方法として合理的なものとは認められず，そのほか，当審判所の調査によっても，本件第1土地の譲渡所得の金額の計算において，概算取得費を用いて計算することにつき，請求人の利益に反する具体的な事情は認められない。

〈ポイント〉

　本件も納税者が当初申告において概算取得費を適用し，市街地価格指数による推定を用いて更正の請求を行った事案である。

　本件において納税者は，譲渡価額を基礎とした市街地価格指数による推定と，取得年分と譲渡年分の路線価の変動率もあわせて考慮しており，それらの平均価額によって取得費を推定している。

　ここでも納税者が算定の基礎とする全国市街地価格指数は，全国223都市の平均指数を3つの利用地域区分ごとに表示する極めて概括的なものであり，宅地価格の平均的な変動状況を全国的・マクロ的に見るのに適しているものではあっても，個別の宅地価格の推移を推し量る指標として適当なものとはいい難いとして採用されていない。

　なお，本件土地は，取得当時に市街地価格指数は「宅地価格」の推移を表す指標であり，取得の当時農地であった土地について価格を推定すること自体，その前提を欠くとされていることは留意すべき点である。

3　平成30年7月31日裁決

　平成30年7月31日裁決〔TAINS・F0-1-972〕は，請求人が，相続により取得した土地の譲渡所得の金額の計算上，当該土地の取得費を概算取得費として確定申告をした後，日本不動産研究所が公表している市街地価格指数を基に算出した金額を当該土地の取得費とすべきであったなどとして更正の請求をしたところ，原処分庁が，更正をすべき理由がない旨の通知処分をした事案である。

（1） 事案の経緯

① 請求人は，○○年○○月○○日に死亡した被相続人からA宅地202.00m²及びB宅地27.00m²の各土地（以下「本件各土地」という）を相続した。

② 被相続人は，昭和46年2月15日に，本件各土地を売買により取得している。

③ 請求人は，平成28年6月6日に本件各土地に係る造成工事費○○円を支払った。

④ 請求人は，平成28年7月15日に，本件各土地を代金○○円で売買する旨の不動産売買契約を締結し，当該契約に基づき本件各土地を譲渡した（以下，当該譲渡を「本件譲渡」という）。

⑤ 請求人は，平成28年12月15日に本件各土地に係る給水管引込工事費○○円を支払った（以下，当該給水管引込工事費と上記の造成工事費をあわせて「本件改良費」という）。

⑥ 請求人は，本件各土地の取得費を，本件譲渡に係る売買代金の100分の5に相当する金額（以下「本件概算取得費相当額」という）として，譲渡所得の金額を計算して確定申告書を法定申告期限までに申告した。なお，請求人は，本件譲渡所得の金額の計算上，本件改良費の額を本件各土地の譲渡費用としていた。

⑦ 請求人は，更正の請求及び審査請求においても，取得に要した金額を直接証明する契約書などの証拠資料を提出しなかった。

⑧ 請求人は，取得費の額について，財団法人日本不動産研究所が公表している市街地価格指数を基に算出した額（以下「請求人主張額」という）及び本件改良費の額の合計額とすべきであったなどとして更正の請求（以下「本件更正請求」という）をした。

⑨ 原処分庁は，本件更正請求に対し，上記の請求内容によるべき旨を定めた法令・通達等は存在しないなどとして更正をすべき理由がない旨の通知処分をするとともに，本件改良費の額を本件各土地の取得費とする更正処分をした。

（2） 請求人の主張

譲渡所得の金額の計算上控除すべき取得費の額は，請求人主張額及び本件改良費の額の合計額とすべきである。

譲渡所得への課税は，資産の価値の増加益に対して行われるべきものであり，資

産の取得に要した金額が不明であるからゼロ円とするのではなく，実際に支払った
であろう金額を推計し，適正な所得を算出した上で課税すべきである。

　そして，本件においては，本件各土地の取得時期は判明しているが，その取得に
要した金額を直接証する契約書等の資料がなく，その額が不明であり，実額により
算出することができないから，推計する方法によって算出せざるを得ない。

　推計の方法としては，平成12年11月16日付国税不服審判所裁決（以下「平成
12年裁決」という）を参考にすると，財団法人日本不動産研究所が公表している市
街地価格指数を基に算出する方法があり，この方法によれば，算出の基となる指数
が統計的な数値であることから，被相続人が本件各土地を取得した当時の本件各土
地の市場価格を反映した，より近似値の取得に要した金額が算出できることになり，
合理的である。

　そして，請求人主張額は，本件各土地の売買価額から本件改良費の額を控除した
後の金額に，財団法人日本不動産研究所が公表している六大都市を除く市街地価格
指数の譲渡時に対する取得時の割合を乗じて算出した額であり，被相続人が本件各
土地を取得した当時の本件各土地の市場価格を反映した合理的な額というべきであ
る。

　なお，このことは，請求人主張額が，被相続人が本件各土地を取得した当時の近
傍宅地の地価公示価格又は路線価を基に算出した金額の近似値となっていることか
らも明らかである。

　平成12年裁決は公表裁決であり，国税不服審判所においては，納税者の正当な権
利利益の救済を図るとともに，税務行政の適正な運営の確保に資する観点から，先
例となるような裁決について公表しているところ，本審査請求の判断においても，
平成12年裁決の判断の内容を参考にすべきである。

（3）　原処分庁の主張

　譲渡所得の金額の計算上控除すべき取得費の額は，本件改良費の額とすべきであ
る。

　所得税法38条1項は，資産の取得費は，その資産の取得に要した金額並びに設備
費及び改良費の額の合計額とする旨規定し，その資産の取得に要した金額とは，実

際の取得に要した金額であると解されるから，当該金額を推計する方法により算出
できると解することはできず，他の法令等においても納税者が資産の取得に要した
金額を推計する方法により算出し，申告できる旨の規定は存在しない。

　請求人が用いた六大都市を除く市街地価格指数について，本件各土地の所在する
○○が調査対象都市として選定されているかどうか確認できず，仮に○○が選定さ
れていたとしても調査地点がどこか不明である。さらに，市街地価格指数は，市街
地の宅地価格の推移を示す指数であったとしても，実際に取引された金額ではなく
評価価格の指数であることから，マクロ的な地価動向の傾向分析には適しているも
のの，ミクロ的な個別の取引金額を推計することに適しているとは認められない。

　裁決は，個別の事件についての判断を示すものであるから，裁決の理由中で示さ
れた法令解釈は，その後の法令解釈を拘束するものではなく，単に先例として尊重
されるにとどまる。

　本件においては，平成12年裁決を先例として尊重しつつ，具体的な事実関係を関
係法令等に照らして判断しているものである。

（4）　判断

①　本件各土地の取得費の額について

　請求人は，本件更正請求及び本審査請求のいずれにおいても，本件各土地の取得
に要した金額を直接証明する契約書などの証拠資料を提出せず，当審判所の調査の
結果によっても，ほかに本件各土地の取得に要した金額を証明する証拠もないこと
から，被相続人の本件各土地の取得に要した金額は不明であると判断せざるを得ず，
所得税法38条1項に規定する「その資産の取得に要した金額」として同項に規定す
る「取得費」に算入できる金額はない。

　また，請求人は，本件改良費を支払っているところ，本件改良費の額は，所得税
法38条1項に規定する「設備費及び改良費の額」に該当し，同項に規定する「取得
費」に算入できることとなる。

　そうすると，所得税法38条1項に規定する「取得費」に算入できるのは，本件改
良費の額（造成工事費及び給水管引込工事費の合計額）となる。

　なお，請求人は，昭和46年2月15日から引き続き本件各土地を所有していたも

第3章　土地の取得費をめぐる裁判例・裁決例　　95

のとみなされるところ，措置法通達31の4-1の適用も可能であるが，本件改良費の額が本件概算取得費相当額を上回るから，本件改良費の額を本件各土地の取得費とするのが相当である。

② 請求人主張額について

請求人は，請求人主張額について，公表裁決である平成12年裁決を参考に，財団法人日本不動産研究所が公表している統計的な数値である六大都市を除く市街地価格指数を基に算出した額であることから，被相続人が本件各土地を取得した当時の本件各土地の市場価格を反映した合理的な額であるなどとして，本件各土地の取得に要した金額に該当する旨主張する。

しかしながら，市街地価格指数は，財団法人日本不動産研究所が全国主要都市内で選定した標準的な宅地について，不動産鑑定評価の手法に基づき更地としての評価を行って指数化したものであることからすると，市街地の宅地価格の推移を現す指標としての性格を有するものの，そもそも個別の宅地価格の変動状況を直接的に示すものということはできない。

また，六大都市を除く市街地価格指数については，県庁所在都市等以外の調査対象都市は公表されていないところ，本件各土地は県庁所在都市等に該当しない○○に所在しており，さらに，○○が調査対象都市かどうかを確認し得ないことからすれば，請求人が請求人主張額の算出に用いた六大都市を除く市街地価格指数が，本件各土地の市場価格の推移を反映したものであるということはできない。

〈ポイント〉

　本件も納税者が当初申告において概算取得費を適用し，市街地価格指数による推定を用いて更正の請求を行った事案であるが，納税者が算定の基礎とする全国市街地価格指数は，全国都市の平均指数を3つの利用地域区分ごとに表示する極めて概括的なものであり，宅地価格の平均的な変動状況を全国的・マクロ的に見るのに適しているものではあっても，個別の宅地価格の推移を推し量る指標として適当なものとはいい難いとして採用されていない。

なお，本件で留意すべき点は，本件土地は六大都市を除く県庁所在都市等に該当しない都市に所在しているところ，六大都市を除く市街地価格指数については，県庁所在都市等以外の調査対象都市は公表されておらず，さらに，当該都市が調査対象かどうかを確認し得ないことから，納税者が算出に用いた六大都市を除く市街地価格指数が，本件土地の市場価格の推移を反映したものであるということはできないとされているところである。

第3章　土地の取得費をめぐる裁判例・裁決例　　97

4 市街地価格指数以外の方法による推定

　第三に，市街地価格指数以外の方法による取得費の推定の適否が争われた事例である。

　いずれにおいても，昭和28年1月1日以後に取得した土地建物の取得費について，取得費に係る事実を証明する証拠資料の提出がない限り，措置法通達31の4-1の定め及び措置法31条の4第1項の規定を準用して，概算取得費によることが相当とされている。

1　課税庁による概算取得費が採用された事例

【平成8年12月20日裁決】

> 　平成8年12月20日裁決〔TAINS・F0-1-1087〕は，請求人が，土地の譲渡について所得税の確定申告をしていなかったところ，原処分庁が，その土地の取得に要した金額が証明されなかった場合は，措置法31条の4第1項の規定により，当該収入金額の概算取得費控除が取得費となるとして決定処分をした事案である。

（1）　事案の経緯

① 　請求人は，農業を営む者であるが，平成3年2月28日に山林1,618m²（以下「丙土地」という）を譲渡した。

② 　丙土地は，昭和40年に請求人が前所有者から買い入れたものである。

③ 　請求人は，土地の譲渡についての確定申告書を原処分庁へ提出していない。

④ 　原処分庁は，平成6年3月3日付で平成3年分所得税の決定処分及び無申告加算税の賦課決定処分をした。

⑤ 　請求人は，これに対し所得税の決定処分及び無申告加算税の賦課決定処分の一部取消しを求めて異議申立てをした。

（2） 請求人の主張

丙土地は，請求人が 2,000,000 円で買い入れたものであり，これが取得費となる。

原処分庁は，措置法 31 条の 4 の規定により取得費を計算したとしているが，同条の規定は，昭和 27 年 12 月 31 日以前から引き続き所有していた土地について概算取得費を計算するための規定であり，昭和 28 年 1 月 1 日以後取得した土地については概算取得費を計算する規定がないにもかかわらず，同条の規定による概算取得費控除を主張することは，失当である。

概算取得費控除は，取得費が不明な場合に適用されるものであり，丙土地の場合，たとえ領収証は紛失しているにせよ取得価額を記憶している以上，その金額が妥当なものであれば取得費の額として認めるべきである。

請求人の主張する取得費の額は，財産評価基準書に参考として掲載されている，全国市街地価格指数による土地の値上り率の平均値 11.85 倍からみれば，妥当な額である。

それに対して，原処分庁の主張する取得費の額は，土地の値上り率を 20 倍と見ており，取得費の額を不当に低く計上するものである。

（3） 原処分庁の主張

請求人は，丙土地の譲渡に係る取得費の額を 2,000,000 円であると主張するが，その支払の事実を証明する証拠資料等を提出しなかった。

そうすると，その土地の取得に要した金額が証明されなかった場合は，措置法 31 条の 4 第 1 項の規定により，当該収入金額の概算取得費控除が取得費となる旨規定されているから，丙土地の収入金額の 100 分の 5 に相当する金額が取得費となる。

（4） 判断

譲渡所得に係る取得費については，取得費に係る事実を証明する証拠資料の提出がない限り，措置法通達 31 の 4-1 の定め及び措置法 31 条の 4 第 1 項の規定を準用して，取得費を算定することが相当と認められるから，双方に争いのない丙土地の譲渡収入金額に 100 分の 5 を乗じて計算した金額を取得費とした原処分は相当である。

〈ポイント〉

　本件は昭和40年に取得された土地についての取得費が争われている。納税者の主張は，売買契約書や領収証といった取得費を証明する資料がないことから，記憶によるものである。

　そして，裁決においては，取得費に係る事実を証明する証拠資料の提出がない限り，概算取得費を用いた原処分は相当であるとされている。

　なお，本来であれば昭和28年1月1日以後の取得によるものは，納税者が実額取得費を主張しているのであれば，課税庁より概算取得費（措置法31条の4）によることはできないと考えることができるが，本件は納税者により取得費に係る事実を証明する証拠資料の提出がないことから概算取得費によったものと思われる。

2　納税者及び課税庁による公示価格を用いた推定が採用されなかった事例

【平成17年3月15日裁決】

　平成17年3月15日裁決〔TAINS・F0-1-1086〕は，請求人が相続により取得した土地の譲渡所得について，原処分庁が，その土地の譲渡価額を基礎として，取得時の地価公示価格を100とした場合の譲渡時の地価公示価格の割合の平均値73.3％により取得費を算出したことに対し，請求人は，公示価格の年別変動率38.7％を時価の下落率として取得価額を算定すべきであると主張した事案である。

（1）　事案の経緯

① 　請求人甲は，本件A-1土地及び本件A-2土地（以下，あわせて「本件A土地」という）を隣地の山林306m²（以下「本件A隣接地」という）とともに，平成12年6月23日に競売により譲渡した。

② 　本件A-1土地は，平成元年3月17日に売買により甲の配偶者である丙が取得

し，丙から甲が相続したものである。

③　本件 A-2 土地は，丙が相続により取得し，その後，丙から甲が相続したものである。

④　甲は，平成 12 年分所得税について法定申告期限までに申告した。

⑤　原処分庁は，平成 15 年 6 月 30 日付で，請求人の所得税について，更正処分及び過少申告加算税の各賦課決定処分を行った。

（2）　請求人の主張

本件 A-1 土地の実際の取得価額が不明であることから，原処分庁は，当該土地付近における平成元年を 100 とした場合の平成 12 年の地価公示価格の割合の平均値 73.3 ％により取得価額を算出しているが，○○住宅地の公示価格年別変動率 38.7 ％を時価の下落率として取得価額を算定すべきである。当該下落率による本件 A-1 土地の取得価額は，本件 A 土地の譲渡価額を上回るから，本件 A 土地に譲渡益は生じない。

（3）　原処分庁の主張

本件 A-1 土地の取得費は，平成元年 3 月 17 日の実際の売買価額が不明であることから，当該土地の譲渡価額を基礎として，当該土地付近 8 箇所における平成元年の地価公示価格を 100 とした場合の平成 12 年の地価公示価格の割合の平均値 73.3 ％により算出した。

また，本件 A-2 土地の取得費は，措置法 31 条の 4 第 1 項の規定により，当該土地の譲渡価額の 100 分の 5 に相当する金額である。

（4）　判断

請求人及び原処分庁の双方は，本件 A-1 土地の取得価額が不明であることから，本件 A-1 土地の譲渡価額を基に平成元年から平成 12 年までの公示価格の対比又は変動率により取得価額を算出する方法を採用しているが，不動産の売買価額は，その形成要因として，買い進み，売り急ぎ等の取引当事者の意思，社会情勢等があり，また，一般に，土地の価額が，その地勢，立地条件等の要因に大きく左右され，こ

れらの様々な個別事情を反映して決まるものであるから，取得価額を公示価格の対比又は変動率でもって算出することは相当でない。

したがって，請求人及び原処分庁双方のこの点に関する主張は採用することはできない。

ところで，当審判所の調査においても平成元年3月17日の売買価額を示す証拠は認められないことから，本件A-1土地の実際の取得価額は不明であると判断せざるを得ないところ，昭和28年1月1日以後に取得した土地建物の取得費についても措置法31条の4第1項に準じて計算できる旨の取扱いを定めた，当審判所においても相当と認められる措置法通達31の4-1に従い，収入金額の100分の5に相当する金額により取得価額を算出するのが相当である。

そうすると，本件A-2土地の取得価額についても収入金額の100分の5に相当する金額により算出することから，本件A土地の取得価額は，譲渡価額の100分の5に相当する金額となる。

〈ポイント〉

　本件の譲渡資産は，平成元年に取得した土地であるが，その取得に要した金額を直接証する資料がないことから，請求人及び原処分庁双方において，公示価格の変動率を用いて取得費を推定している。

　しかし，裁決においては，不動産の売買価額は，その形成要因として，買い進み，売り急ぎ等の取引当事者の意思，社会情勢等があり，また，一般に，土地の価額が，その地勢，立地条件等の要因に大きく左右され，これらの様々な個別事情を反映して決まるものであるから，取得価額を公示価格の対比又は変動率でもって算出することは相当でないとして概算取得費によることとされている。

3 宅建業者である売主の資料による価額が採用された事例

【平成 29 年 12 月 13 日裁決】

> 平成 29 年 12 月 13 日裁決〔国税不服審判所ホームページ〕は，請求人が，相続により取得した土地の譲渡所得について，取得費を概算取得費として平成 25 年分の確定申告をした後，地価公示価格を基に推計した金額を取得費とすべきであったなどとして更正の請求をしたところ，原処分庁が，上記の推計した金額は実額の取得費ではないなどとした事案である。

（1） 事案の経緯

① 請求人の父 H は，本件土地 260.33m² を訴外 F 社から購入した。本件土地について，昭和 52 年 2 月 15 日受付で，原因を「昭和 41 年 11 月 24 日売買」，所有者を「H」とする所有権移転登記がなされている。

② 父 H は，平成 12 年 5 月○日に死亡し，H の妻であり請求人の母である J が，相続により本件土地を取得した。

③ 母 J は，平成 17 年 5 月○日に死亡し，請求人が相続により本件土地を取得した。

④ 請求人は，平成 24 年 12 月 22 日付で，買主との間で，本件土地を代金○○円で売買する旨の不動産売買契約を締結し，平成 25 年 3 月 12 日受付で，本件買主に対し本件土地を売買したこと（以下「本件譲渡」という）を原因とする所有権移転登記を経由した。

⑤ 上記①ないし④の所有権移転登記については，いずれも本件土地に係る登記簿謄本（以下「本件登記簿謄本」という）に記載がある。

⑥ 請求人は，本件土地の取得費を概算取得費として譲渡所得（以下「本件譲渡所得」という）の金額を計算し，法定申告期限までに確定申告をした。

⑦ 請求人は，平成 28 年 7 月 14 日，地価公示価格を基に推計した金額 20,000,000 円等を本件土地の取得費とすべきであるなどとして更正の請求をした。

⑧ 原処分庁は，上記の更正の請求に対し，請求人が推計した取得費の金額は実額の取得費ではないことから認められないことを理由として更正処分をした。

第 3 章 土地の取得費をめぐる裁判例・裁決例 *103*

（2）　請求人の主張

　本件土地は，昭和 52 年に，父 H が F 社から売買により取得したものであるところ，その当時の売買契約書等の書類は見当たらないが，そのことを理由として，取得費を措置法 31 条の 4 第 1 項の規定に準じて概算取得費により算定すべきではない。本件土地に係る取得費の金額は，本件土地周辺の土地価格に関する情報を使って合理的に算定すべきであるから，地価公示価格を基に推計した 20,000,000 円とすべきである。

（3）　原処分庁の主張

　本件土地は，昭和 41 年 11 月 24 日に，父 H が取得したものであるところ，本件土地の取得に要した金額の実額は不明であるから，その取得費の金額は，措置法 31 条の 4 第 1 項の規定に準じて算定した概算取得費とすべきである。

　なお，請求人が取得費であると主張する金額は，あくまで請求人が推計した昭和 52 年時点における本件土地の取得費であって，本件土地の実際の取得費ではないことから，取得費と認めることはできない。

（4）　判断
①　父 H の本件土地の取得費の金額について

　当審判所の調査によれば，本件土地に関し，その売主である F 社が作成した「土地台帳」と題する書面（以下「本件土地台帳」という）の存在が認められるところ，本件土地台帳には，要旨，次の図のとおりの記載があることから，その記載内容の信用性について検討する。

　本件土地台帳には，本件土地の所在地番として「e 市 f 町○−○」と記載されているほか，その下部には「H」「b 市 d 町○−○」との記載があり，土地の地積として「264m²」（ただし，地積変更精算金の摘要欄において 260.33m² へ変更されている）との記載がある。

　これらの記載内容は，本件登記簿謄本に記載のある本件土地の所在「e 市 f 町○−○」地積「弐六〇．参参 m²」の記載内容と一致していることから，本件土地台帳に記載の土地が本件土地であることに疑いの余地はない。

その上で、本件土地台帳におけるその余の記載や本件登記簿謄本に記載のある受付年月日等をみても、本件土地台帳上の昭和41年11月10日に父Hから手付金○○円の支払があった旨、及び同月24日に父Hから内金○○円の支払があった旨の記載は、本件登記簿謄本上の「昭和41年11月24日売買」の記載と、さらに、本件土地台帳上の「ローン契約　○○年○○回払」との記載は、本件登記簿謄本上、所有権の移転原因が「昭和41年11月24日売買」でありながら所有権移転登記の受付がその10年経過後の「昭和52年2月15日」である事実と概ね整合している。

　加えて、本件土地台帳は、宅地建物取引業法により帳簿の備付け義務があるF社が、通常業務の過程で作成したものであり、書面の性質上、取引内容が正確に記載されている蓋然性が高い。

　以上のことからすると、本件土地台帳の記載内容の信用性は極めて高い。

　したがって、本件土地台帳は、その記載どおりの事実があったことが推認でき、当該推認を妨げる事情が認められない限り、その記載どおりの事実を認めるのが相当である。

【本件土地台帳の記載内容（要旨）】

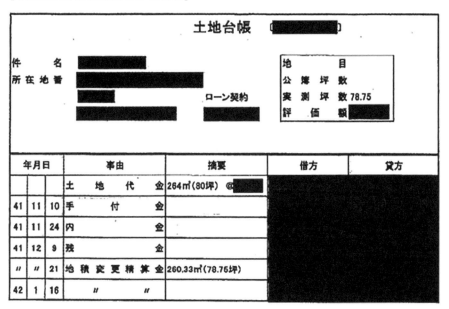

② 概算取得費について

　措置法通達31の4-1は，昭和28年1月1日以後に取得した土地等の取得費について，措置法31条の4第1項の規定に準じて計算して差し支えないものとする旨定めており，昭和27年12月31日以前に取得した土地等の取得費と，昭和28年1月1日以後に取得した土地等の取得費とで，納税者の利益に反しない限り，計算方法を異にしなければならない特段の理由は存しないことから，この取扱いは，当審判所においても相当と認められる。

　本件についてみると，本件譲渡所得に係る収入金額は，本件譲渡に係る売買代金〇〇円及び固定資産税・都市計画税の精算金〇〇円の合計額〇〇円であることから，本件土地の概算取得費は〇〇円となるところ，この金額は，本件土地の取得費の金額〇〇円に満たないことから，本件土地に係る概算取得費を本件土地の取得費と認めることは，納税者の利益に反することとなり相当でない。

③ 原処分庁の主張について

　原処分庁は，①本件土地台帳に記載された金額〇〇円は，原処分庁が調査により把握した金額ではなく，本件土地台帳の記載のみをもって本件土地の取得費そのものであるとまでは認められない旨及び，②請求人が主張する本件土地の取得費は，あくまで推計額であるところ，上記の金額〇〇円は，請求人が本件土地に係る取得費として主張立証する金額ではない旨主張する。

　しかしながら，本件土地台帳は，その記載内容の信用性は高く，記載内容どおりの事実を認定できることからすると，この点に関する原処分庁の主張を採用することはできない。

④ 請求人の主張について

　請求人は，本件土地は父Hが昭和52年に取得したものであり，その取得費の金額は地価公示価格から推計した20,000,000円である旨主張する。

　しかしながら，父Hの本件土地の取得年月日及び取得費の金額が明らかであるところ，請求人が主張する取得年は，登記が受け付けられた年に過ぎず，また，取得費の金額は推計したものに過ぎないことから，この点に関する請求人の主張を採用

することはできない。

〈ポイント〉

　本件の譲渡資産は，昭和41年に取得した土地であるが，その取得に要した金額を直接証する資料がないことから，請求人は公示価格を基に推計し，原処分庁は概算取得費によるべきであると主張するものである。

　なお，本件においては売主である不動産会社において，手付金や残代金の収受年月日，金額の書かれた台帳があった。

　裁決においては，その台帳に書かれているにHから手付金の支払があった日（昭和41年11月10日）及びHから内金の支払があった日（同月24日）は，本件登記簿謄本上の「昭和41年11月24日売買」の記載と整合すること，また，台帳に書かれている「ローン契約　○○年○○回払」との記載は，本件登記簿謄本上の所有権移転登記の受付日（昭和52年2月15日）と整合していることから，極めて信用性が高く，そこに記載されていた売買価額を採用したというものである。

4　証言・記憶に基づく更正の請求が認められなかった事例

【平成20年10月28日裁決】

　平成20年10月28日裁決〔TAINS・F0-1-1085〕は，請求人が，相続により取得した土地の譲渡所得について，取得費を概算取得費で計算して確定申告した後，実額取得費が概算取得費を超えるので，これを控除すべきことを理由に更正の請求をしたところ，原処分庁が，当該実額取得費が概算取得費を超えることが立証されていないとして更正をすべき理由がない旨の通知処分をした事案である。

（1）　事案の経緯

① 　請求人の亡母は，同人の父甲とともに，昭和44年4月25日売買を原因として，

第3章　土地の取得費をめぐる裁判例・裁決例　　*107*

330.57m² の宅地（以下「本件宅地」という）を取得した。亡母が取得した共有持分は 35 分の 6（以下「本件亡母持分」という）である。

② 亡母は，○○年○○月○○日に死亡し，亡母の相続人である夫，長男である請求人，長女（以下「妹」という）は，本件亡母持分を，夫が 2 分の 1，請求人及び妹が各 4 分の 1 の法定相続分の割合で相続した（以下，請求人が相続した持分を「本件請求人持分」という）。

③ 請求人，妹及び夫は，平成 17 年 12 月 23 日に本件亡母持分を亡母の弟へ○○円で譲渡した（以下「本件譲渡」という）。

④ 請求人は，譲渡所得の金額の計算について平成 17 年分の所得税の確定申告書を原処分庁に提出した。確定申告の土地の取得費の額（以下「本件概算取得費」という）は，収入金額の 100 分の 5 に相当する金額である。

⑤ その後，請求人は，土地の取得費の額を○○円（以下「本件実額取得費」という）として更正の請求（以下「本件更正の請求」という）をしたところ，原処分庁は，更正をすべき理由がない旨の通知処分をした。

（2） 請求人の主張

売買契約書等の取引記録が紛失した場合であっても，信頼できる資料・情報等から一定の価値が評価できる場合には，当該評価額は譲渡所得の計算上控除する土地の取得費として認められるべきである。

亡母の夫（請求人の父）が，生前に本件宅地の取得当時の坪単価が○○円であると聞いていたことから，請求人は，本件宅地の取得当時の坪当たりの単価（以下「請求人主張単価」という）を基に本件実額取得費を算定した。不動産業者からの回答によれば，本件亡母持分の取得価額の単価は請求人主張単価以上であった可能性が高いと考えられること，また，平成 17 年の取引事例の土地の坪単価は2,100,000 円であるところ，これに財団法人日本不動産研究所調べによる「土地価格指数表（六大都市市街地価格指数表）」の平成 17 年当時の指数と昭和 44 年当時の指数を基に計算した変動率を掛けると，昭和 44 年当時の取引事例地の坪単価は432,180 円と算出されることから，請求人主張単価は妥当な金額である。

（3） 原処分庁の主張

　請求人は，実額取得費が概算取得費を超えるものであることについて主張，立証を尽くしているとは認められないから，請求人の主張には理由がない。

　亡母の父であり，本件宅地を共同で購入した甲は，本件宅地の取得時の取引行為者は甲だけであり，亡母に対して本件宅地の取得価額ないし坪単価について話をしたことはない旨申述していることから，夫が亡母から請求人主張単価を聞いていた旨の請求人の主張には強い疑義がある。

　また，甲が本件宅地の取得時の坪単価は 200,000 円弱であった旨申述していることからすると，請求人主張単価を基に算定される本件実額取得費を取得費と認めることはできない。

　請求人が行った本件亡母持分に係る評価方法はかなり精度が低いものであること，請求人が採用した取引事例 1 件の所在地が特定されておらず，本件亡母持分との格差補正もされていないこと，最適な取引事例である本件譲渡が含まれていないことからすると，当該評価方法によって算定される坪単価が請求人主張単価を上回るからといって，請求人主張単価を基に算定される本件実額取得費を取得費と認めることはできない。

（4） 判断

① 認定事実

　請求人提出資料，原処分関係資料及び当審判所の調査の結果によれば，次の事実が認められる。

　昭和 44 年に亡母とともに，本件宅地を取得した甲は，当審判所に対して，本件宅地の取得価額は 20,000,000 円をやや下回る額であったと記憶しているが，どの程度下回るのか，実際の取得価額がいくらであったのかは，売買契約書等の資料を紛失しているために分からない旨回答しており，昭和 44 年当時に本件宅地を取得した際の売買金額を明らかにする的確な証拠はない。

　もっとも，亡母の夫は，当審判所に対して，土地の価格が高騰していたバブル期のころに，近隣土地の坪単価が値上がりしたことが話題となった際，亡母が，「そうすると，（本件亡母持分も）10 倍くらいになった」旨を話したと記憶していたこ

とから，これを請求人主張単価とし，これを基に本件実額取得費を計算したものである旨答述している。

しかしながら，甲が，異議調査担当職員に対し，亡母は，昭和44年当時小さかったので，本件宅地の売買に全く関与しておらず，その後，亡母に契約書を見せたり，売買価格等を説明したりしたことはなかった旨申述しているところ，亡母は昭和44年の売買当時は満○歳であり，法定代理人であった甲が亡母を代理して本件宅地の取引を行ったと認められるから，亡母が昭和44年の売買に関与していない旨の申述に疑わしい点は認められない。

また，その後に，本件宅地の売買等は行われておらず，甲が亡母に本件宅地の売買契約書等を示して取得費を説明する必要もなかったことからすれば，売買価格等を説明したこともないとの申述にも不審な点は認められない。そうすると，亡母が，本件宅地の正確な取得価額を知っていたとは認め難い。

しかも，仮に，過去に亡母が近隣の坪単価が取得時における本件宅地の坪単価の10倍くらいになったと発言したことがあったとしても，その発言内容はあいまいであるから，昭和44年当時の本件宅地の正確な購入代金を明らかにするものとは認められない。

したがって，亡母の発言に基づくという請求人主張単価は，本件宅地の取得費算定の根拠となるものとはいえない。

なお，請求人は，平成17年12月15日に行われた取引事例を提出し，この取引事例の坪単価に，財団法人日本不動産研究所「六大都市市街地価格指数表」の昭和44年3月の指数と平成18年3月の指数から導いた地価変動率を掛けると，その金額は432,180円になるから，請求人主張単価は妥当である旨主張する。

しかし，異議調査担当職員の調査によると，請求人の提出した取引事例の対象地は，本件宅地とは接面道路の条件などの個別的要因が異なっていると認められる上，東京区部，横浜，名古屋，大阪，京都及び神戸の市街地価格の指数から導いた変動率が本件宅地の価額の変動率を示しているともいえないから，この点に関する請求人の主張は採用できない。

おって，請求人は，請求人主張単価が妥当である旨の不動産業者の意見がある旨主張する。しかし，当該意見は，神奈川県横須賀市及び同県鎌倉市内に所在する物

件に係る 2 件の取引事例を参照し，昭和 44 年から平成 17 年の間の本件宅地の価額の変動率を導き，意見を形成しているものであって，本件宅地とは異なる地域に存する取引事例を本件宅地の価格変動率の根拠とすることに合理性がないから，証拠として採用できない。

　以上によると，昭和 44 年当時の本件亡母持分の購入代金が，請求人主張単価を基に計算した金額であると認定することはできず，本件請求人持分の実額取得費は不明であると判断せざるを得ない。

　したがって，本件請求人持分の譲渡に係る分離長期譲渡所得の金額の計算上，本件実額取得費を控除することはできない。

②　本件請求人持分の概算取得費の認定

　措置法 31 条の 4 第 1 項は，昭和 27 年 12 月 31 日以前から引き続き所有していた土地建物の取得費は，所得税法 38 条及び同法 61 条の規定にかかわらず，その土地建物の譲渡に係る収入金額の 100 分の 5 相当額とすることとし，当該概算取得費が実額取得費に満たない場合で，かつ，実額取得費が証明できるときには，その土地建物の取得費は当該実額取得費によることができる旨規定している。

　このように，措置法 31 条の 4 の規定は，昭和 27 年 12 月 31 日以前から引き続き所有していた土地建物に適用されるものである。しかし，昭和 28 年 1 月 1 日以後に取得した土地建物の取得費が不明である場合，措置法 31 条の 4 の規定の適用がなく，取得費がゼロ円となるとするのは不合理であり，この場合に，同法 31 条の 4 第 1 項に準じて取得費を算定しても，納税者の利益に反することもない。そうすると，昭和 28 年 1 月 1 日以後に取得した土地建物の取得費が不明である場合には，措置法 31 条の 4 の規定に準じて取得費の計算ができると解するのが相当である。

　したがって，措置法通達が昭和 28 年 1 月 1 日以後に取得した土地建物の取得費についても措置法 31 条の 4 第 1 項の規定に準じて計算しても差し支えない旨を定める取扱いは，当審判所においても相当と認められる。

　本件においては，昭和 44 年に取得した本件亡母持分の実額取得費が不明であるから，措置法 31 条の 4 第 1 項の規定に準じて取得費を計算すると，本件請求人持分の取得費は，譲渡に係る収入金額に 100 分の 5 を乗じて算出された価額となる。こ

第 3 章　土地の取得費をめぐる裁判例・裁決例　　*111*

の金額は，本件概算取得費と同額となる。

　請求人は，土地の取得費については，売買契約書等の取引記録を紛失した場合で
あっても，信頼できる資料，情報等から一定の価値を評価できるときは，当該評価
額を実額取得費として認めるべきである旨主張する。しかしながら，請求人の提出
した資料は，いずれも本件宅地の実額取得費を認めるに足りる信頼性がないと認め
られるから，請求人の主張は前提を欠いている。

〈ポイント〉

　更正の請求では，納税者に自ら記載した申告内容が真実に反し，請求に理由
があることの主張立証責任が課されているため，取得した際の売買代金の額を
明らかにする契約書といった取得費を直接証明する証拠資料が求められる。

　本件は土地の取得者である亡母から生前に取得当時の坪単価を聞いていたこ
とから，納税者は，その証言に基づいて実額取得費を推計した。あわせてその
推計した実額取得費が市街地価格指数表を基に計算した取得費を下回ること，
その実額取得費が妥当である旨の不動産業者の意見があることによりその信頼
性を補完しているが，裁決においては納税者の提出した資料は，いずれも本件
土地の実額取得費を認めるに足りる信頼性がないとされている。

　なお，本件においては，資産の譲渡が親族間売買であったためか，近隣の取
引事例を抽出して，その取引事例価額を基に市街地価格指数による推定を行っ
ているが，裁決においては，請求人の提出した取引事例の対象地は，本件土地
とは接面道路の条件などの個別的要因が異なっていると認められる上，東京区
部，横浜，名古屋，大阪，京都及び神戸の市街地価格の指数から導いた変動率
が本件宅地の価額の変動率を示しているともいえないから，この点に関する請
求人の主張は採用できないとされている。

　このように譲渡資産の売買が親族間で行われたような場合には，その譲渡価
額には主観的事情が介入しているものと考えられることから，近隣の取引事例
により時価を推定することも可能である。

　例えば，近隣に取引事例があり1m² 当たり300,000円とする（図参照）。そ

の取引事例価額をそのまま採用する場合もあれば，路線価等で比準させる方法もある。

その取引事例地に付された路線価が 1m² 当たり 240,000 円であるとすれば，路線価を 1 とした場合の取引事例価格の比率は 1.25 ということになる。

そして，譲渡資産である土地に付された路線価が 1m² 当たり 150,000 円であるとすると，これに 1.25 を乗じれば，本件土地における推定時価（1m² 当たり 187,500 円）が算出される。

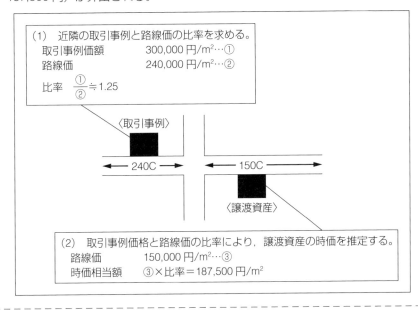

第 3 章　土地の取得費をめぐる裁判例・裁決例　113

5 取得時の時価と実額取得費との相違

1 取得時の時価が推定できても実際の取得費と限らないとされた事例

【平成 23 年 9 月 13 日裁決】

　　平成 23 年 9 月 13 日裁決〔TAINS・F0-1-1084〕は，請求人が行った土地の譲渡所得の計算について，原処分庁が請求人による保証債務の履行があったとは認められないから所得税法 64 条《資産の譲渡代金が回収不能となった場合等の所得計算の特例》2 項に規定する特例（以下「本件特例」という）[5]は適用できないなどとして更正処分を行ったのに対し，請求人がその全部の取消しを求めた事案である。

（1）　事案の経緯

①　請求人及び請求人の姉（以下，請求人とあわせて「譲渡人ら」という）は，平成 9 年○○月○○日に，本件土地並びに本件土地上に所在する建物（以下「本件建物」といい，本件土地とあわせて「本件物件」という）の持分各 2 分の 1 を，譲

---

[5]　その年分の各種所得の金額の計算の基礎となる収入金額若しくは総収入金額の全部若しくは一部を回収することができないこととなった場合には，当該各種所得の金額の合計額のうち，その回収することができないこととなった金額又は返還すべきこととなった金額に対応する部分の金額は，当該各種所得の金額の計算上，なかったものとみなす（所法 64 ①）。

　　保証債務を履行するため資産の譲渡があった場合において，その履行に伴う求償権の全部又は一部を行使することができないこととなったときは，その行使することができないこととなった金額を前項に規定する回収することができないこととなった金額とみなして，同項の規定を適用する（所法 64 ②）。

　　なお，保証債務の履行があった場合とは，保証人の債務又は連帯保証人の債務を履行した場合など，その債務の履行等に伴う求償権を生ずることとなるときは，これに該当する（所基通 64-4）。

渡人らの父から相続により取得した。

② 請求人の父は，本件土地のうち，昭和33年6月24日に○○に所在する土地を，昭和51年9月28日に○○に所在する土地をそれぞれ売買により取得し，平成5年2月16日に○○に所在する土地を交換により取得している。

③ 請求人の父は，本件建物について，昭和39年6月1日にA建物を，昭和52年7月10日にB建物をそれぞれ新築している。

④ 譲渡人らは，平成19年12月28日に，買主との間で，本件物件を譲渡代金○○円（以下「本件譲渡代金」という）で譲渡する旨の売買契約を締結し，平成20年3月14日に，本件物件を引き渡した。

⑤ 本件は，請求人の姉及び同人の夫が役員を務める訴外会社の借入債務を，請求人らが本件譲渡代金から弁済したとして，当該弁済によって連帯保証人が保証債務を履行した場合と同じ結果が生じているのであるから，本件特例の対象となる保証債務の履行に当たるとしたものである。そして，請求人は，平成20年分の譲渡所得の金額について，本件特例を適用して原処分庁に提出した。

⑥ 原処分庁は，債務のうち1つは主債務者の名義の定期預金を原資として弁済されたものであって譲渡代金によって弁済されたものとはいえないこと，また別の債務は，請求人が保証契約を締結していないなど保証債務を負担する地位にないことから，本件特例の対象となる保証債務の履行に当たらないとして更正処分及び過少申告加算税の賦課決定処分を行った。

（2） 請求人の主張

本件物件は請求人の父から相続により取得したものであるところ，亡父が本件土地を取得した当時の近隣の公示価格を基に算出した取得費，及び，○○の記憶等による本件建物の建築価額50,000,000円を基に算出した本件建物の取得費は，いずれも合理性があり，本件において控除すべき取得費は実額取得費とすべきである。

（3） 原処分庁の主張

本件において控除すべき取得費は，請求人から本件物件の取得費の実額を証する証拠資料の提出がなく，請求人の姉及び○○も本件物件の取得費の実額について覚

えていない旨申述しており，原処分庁の調査によっても実額取得費を明らかにする証拠は見当たらないことから，実額取得費を取得費として控除することはできない。

（4） 判断

本件物件は，譲渡人らが平成9年に相続により取得したものであることから，その取得費については，所得税法60条1項の規定により，被相続人が取得した価額等を引き継ぐこととなる。

そして，被相続人である請求人の父が本件物件を取得した際の売買代金や建築代金等を証する書類はなく，本件建物の自宅部分の設計を行った○○も，工場部分について金額が分からない旨申述するだけでなく，支払先を特定できない幅のある金額を申述するに過ぎないから，実額取得費を直接証明するものはないというべきであり，ほかに本件物件を取得した際の売買代金等を明らかにする証拠はない。

また，本件土地の近隣の公示価格からいかなる計算をしたとしても，本件土地の取得当時の時価を推測できるにとどまり，そこから本件土地の実際の取得価額を算出することはできない。

したがって，本件物件の概算取得費が実額取得費に満たないことが証明されたといえない以上，請求人の分離長期譲渡所得の金額の計算上，その取得費として控除すべき額は，本件実額取得費ではなく，措置法31条の4第1項の規定に準じて計算される概算取得費とするのが相当である。

〈ポイント〉

本件は，請求人が譲渡代金によって保証債務の履行を行ったと主張したことに対し，原処分において，本件特例の対象となる保証債務の履行に当たらないと認定されたものである。

そこで，取得費が問題となるのであるが，納税者が土地の取得費を近隣の公示価格を基に算出し，建物の取得費を記憶等による建築価額を基に算出した。これに対し，裁決では，実額取得費を直接証明するものはないというべきであり，ほかに本件物件を取得した際の売買代金等を明らかにする証拠はないこと

から，本件物件の概算取得費が実額取得費に満たないことが証明されたといえない以上，取得費として控除すべき額は，措置法31条の4第1項の規定に準じて計算される概算取得費とするのが相当とされている。

　なお，本件において注目すべき点は，近隣の公示価格からいかなる計算をしたとしても，取得当時の時価を推測できるにとどまり，そこから実際の取得価額を算出することはできないとしていることである。

　つまり，いかに公示価格等や路線価，市街地価格指数を用いて取得当時の時価を推定できたとしても，実際にその価額で売買が行われたか否かは話が別であるということになる。

6 裁判例・裁決例からみる適用ポイント

1　市街地価格指数の意義

　市街地価格指数は，一般財団法人日本不動産研究所が，全国主要都市内の標準的な宅地を調査地点として選定し，各年3月末及び9月末の年2回，不動産鑑定士等による価格調査を行い，これを基に指数化したものである。

　結果を表示する統計表は，「全国市街地価格指数」，「六大都市市街地価格指数（東京区部，横浜市，名古屋市，京都市，大阪市及び神戸市）」，「六大都市を除く市街地価格指数」などの区分ごとに編成され，またそれぞれ商業地域，住宅地域，工業地域の3つの利用地域区分及び全用途平均ごとに表示される。

　このように，市街地価格指数は，市街地の宅地価格の推移をあらわす指標であり，地価の長期的変動の傾向や平均的な地価の推移を見るための我が国唯一の指標として従来から利用されている。

　また，「全国市街地価格指数」は，都市内の宅地価格の平均的な変動状況を全国的・マクロ的に見るのに適している指標といえる。

2　市街地価格指数を用いた推定の留意点

　市街地価格指数を用いた取得費の推定に関して，裁判例・裁決例ではいくつかの留意点が指摘されている。

（1）　都市区分の選定

　市街地価格指数は，前述のとおり「全国市街地価格指数」，「六大都市市街地価格指数（東京区部，横浜市，名古屋市，京都市，大阪市及び神戸市）」，「六大都市を除く市街地価格指数」などの区分ごとに編成されている。

　そこで，推定に使用する市街地価格指数の区分が，譲渡資産の区分に適合している必要がある。

　例えば，東京23区は，全国平均指数（表1），六大都市指数（表2），地方別指数

（表4），三大都市圏指数（表5）に該当する。広島市であれば，全国平均指数（表1），六大都市を除く指数（表3），地方別指数（表4），三大都市圏を除く政令指定都市の指数（表6）である。

　一方，否認事例として，六大都市に含まれていない都市に所在する譲渡資産について，納税者が「六大都市市街地価格指数」を採用した場合，当該指数は，東京区部をはじめとする全国の主要大都市の宅地価格の推移を示す指標であるところ，所在地の異なる六大都市市街地価格指数を用いた割合が，本件各対象土地の地価の推移を適切に反映した割合であるということはできないとされている（平成26年3月4日裁決）。

（2）　農地に適用できるか

　市街地価格指数は，市街地の「宅地価格」の推移をあらわす指標としての性格を持っている。そこで，対象土地が農地や山林である場合，市街地価格指数による推定ができるかという点である。

　例えば，譲渡資産の取得当時の地目が畑である場合，畑と宅地では価格の変動状況が異なるのが通常であることからすると，地目の異なる市街地価格指数を用いた割合が，対象地の地価の推移を適切に反映した割合であるということはできないとされている（平成26年3月4日裁決，平成30年5月7日裁決）。

　相続税や贈与税における財産評価においては，市街地にある農地は，その現況が宅地でなくても，近隣の宅地の価額の影響を強く受けることから，宅地とした場合の価額によって評価を行うこととされているが（いわゆる宅地比準方式），市街地価格指数による推定の場合には農地は対象外として前提を欠くことになるため留意が必要である。

3　取得時の売買は客観的な価格で行われたことが前提

　譲渡価額と公的評価に基づいて取得価額を推定する際には，当該不動産の取得及び譲渡が，主観的な事情のない正常な条件の下で取引が行われていることが前提となる。

　正常な条件の下での取引とは，合理的と考えられる条件を満たす市場で形成され

る適正な取引をいう。合理的と考えられる条件とは，（イ）売り急ぎ，買い進み等をもたらす特別な動機のないこと，（ロ）当事者が市場について取引を成立させるために必要となる通常の知識や情報を得ていること，（ハ）取引を成立させるために通常必要と認められる労力，費用を費やしていること，（ニ）対象不動産の最有効使用を前提とした価値判断を行うこと，（ホ）買主が通常の資金調達能力を有していることなどである。

　一方，特殊な事情とは，限定価格，特定価格，特殊価格による取引が挙げられる。

　「限定価格」は，例えば，（イ）借地権者が底地の併合を目的とする売買，（ロ）隣接不動産の併合を目的とする売買，（ハ）経済合理性に反する不動産の分割を前提とする売買などのように市場が相対的に限定される場合の価格をいう。

　「特定価格」は，例えば，（イ）不動産証券化に係る投資採算価値を表す価格や（ロ）会社更生法又は民事再生法に基づく事業の継続を前提とした価格をいう。

　「特殊価格」は，文化財の指定を受けた建造物，宗教建築物又は現況による管理を継続する公共公益施設の用に供されている不動産など一般的に市場性を有しない不動産の価格をいう。

　このような特殊な事情の下で土地建物が購入されているのであれば，著しく高額又は低額により売買がなされている可能性もあり，必ずしも公示価格や市街地価格指数により導き出される時価相当額で取得したであろうと推定することが困難なものとなる。

4　市街地価格指数を用いた更正の請求

（1）　更正の請求の取扱い

　納税申告書を提出した者は，その申告書に記載した課税標準等若しくは税額等の計算が国税に関する法律の規定に従っていなかったこと又はその計算に誤りがあったことにより，その申告書の提出により納付すべき税額が過大であるときは，税務署長に対し，その申告に係る課税標準等又は税額等につき更正をすべき旨の請求ができる（国税通則法23 ①一）。

　更正の請求をしようとする者は，その請求に係る更正前の課税標準等又は税額等，その更正後の課税標準等又は税額等，その更正の請求をする理由，その請求をする

に至った事情の詳細その他参考となるべき事項を記載した更正請求書を税務署長に提出しなければならない（同法 23 ③）。

そして，税務署長は，更正の請求があった場合には，その請求に係る課税標準等又は税額等について調査し，更正をし，又は更正をすべき理由がない旨をその請求をした者に通知する（同法 23 ④）。

（2） 立証責任

申告納税制度の下で，納税者がした当初申告に対して，課税庁がその課税標準額及び税額が誤りであるとして課税処分を行う場合，課税要件に関する立証責任は原則として課税庁にあると解されている[6]。

したがって，納税者が実額取得費を用いた当初申告に対して，課税庁がその取得費が誤りであるとして課税処分を行う場合，課税要件に関する立証責任は原則として課税庁にあるということになる。

一方，前述のとおり，更正の請求においては，更正の請求をしようとする者が，その請求に係る更正前の課税標準等又は税額等，当該更正後の課税標準等又は税額等，その更正の請求をする理由，当該請求をするに至った事情の詳細その他参考となるべき事項を記載した更正請求書を税務署長に提出しなければならないとされている（国税通則法 23 ③）。

更正の請求が納税者による適正な申告により一旦確定した税額等を納税者に有利に変更するものであり，請求を基礎付ける資料の収集も通常納税者が最も容易になし得ることから，その請求をする者に自ら記載した申告内容が真実に反し，請求に理由があることの主張立証責任を課しているものと解される。

このことからすると，当初の申告書に記載した納付すべき税額が過大であることについては，納税者の側において主張立証すべきものと解されている（平成 26 年 3 月 4 日裁決〔TAINS・F0-1-589〕）。

---

[6]　東京地裁平成 23 年 5 月 17 日判決〔税務訴訟資料 261 号順号 11688〕においては，「相続税に関する課税処分の取消訴訟においては，相続財産の存在及びその金額について租税行政庁が立証責任を負うことはいうまでもない」と述べられている。

（3） 実額取得費が明らかとなった場合

　土地を譲渡したことによる譲渡所得の申告に当たり，その取得費が不明であったことから，譲渡価額の5％を取得費として譲渡所得を計算して確定申告をしたが，法定申告期限後になって実際の取得費を明らかにする資料が見つかり，その実際の取得費で計算した方が有利となることが判明した場合，取得費を実際の取得費の金額とする更正の請求が認められるであろうか。

　昭和27年12月31日以前から引き続き所有していた土地建物の取得費は，所得税法38条及び61条の規定にかかわらず，その譲渡に係る収入金額の5％相当額とするとされている。ただし，その金額が実際の取得費に満たない場合で，かつ，その実際の取得費が証明された場合には，実際の取得とするとされている（措法31の4①）。

　このように，譲渡所得の金額の計算上控除する取得費は，概算取得費と証明された実際の取得費のいずれか多い金額とするものであって，どちらかを選択するというものではなく，また，概算取得費の控除は確定申告を要件とするものでもない。

　そうすると，実際の取得費が概算取得費を上回る場合において，譲渡所得の金額の計算上控除する取得費を概算取得費としていた場合は，国税通則法23条1項1号に規定する課税標準等又は税額等の金額の計算に誤りがあるということになる。

　したがって，上記のように，申告後に他の一方の金額で計算した方が有利となることが判明した場合には，国税通則法23条1項1号の規定による更正の請求をすることができる[7]。

（4） 市街地価格指数を用いた推定による更正の請求

　次に，市街地価格指数を用いた推定による更正の請求の可否である。納税者においては，自らが申告書に記載した譲渡所得の金額若しくは税額等の計算が国税に関する法律の規定に従っていなかったとして，納付すべき税額が過大となるか否かは，納税者が主張する取得費の額が合理的なものであると認められなければならない。

---

[7]　大阪国税局「資産税関係質疑応答事例集（平成23年6月24日）」〔TAINS・課税第一情報大阪（資産税質疑応答）H230624〕

本書において掲載した事例においては，市街地価格指数について以下のように指摘されている。

○　市街地価格指数は，個別の宅地価格の変動状況を直接的に示すものではないことから，対象地の譲渡価額に市街地価格指数を用いた割合を乗じることにより算定された金額は，対象地を取得した時の市場価格を常に適切に反映するものとまではいえない。

○　「全国市街地価格指数」は，全国都市の平均指数を商業地域，住宅地域，工業地域の３つの利用地域区分ごとに表示する極めて概括的なものであり，宅地価格の平均的な変動状況を全国的・マクロ的に見るのに適しているものではあっても，個別の宅地価格の推移を推し量る指標として適当なものとはいい難い。

○　「六大都市を除く市街地価格指数」の調査対象都市については，三大都市圏（東京圏，大阪圏及び名古屋圏）を除く政令指定都市及び県庁所在都市が公表されているのみで，県庁所在都市等以外の調査対象都市は公表されていない。そのため，対象地が県庁所在都市に該当しない場合には，調査対象都市かどうかを確認し得ないことから，算出に用いた六大都市を除く市街地価格指数が，対象地の市場価格の推移を反映したものであるということはできない。

市街地価格指数を用いて取得費を算定する方法は，あくまで推定に過ぎず個別の宅地価格を直接的に示すものではないことから，実際に取得に要した金額を直接証する資料として更正の請求は困難ということになる。

5　他の実額取得費との併用の可否

実額取得費には，土地建物の実際の購入代金や建築代金のほか，設備費及び改良費，土地建物の取得時にかかる登録免許税や登記費用，測量費，借地人への立退料，造成費などが含まれる。

例えば，過去に親族が土地建物を購入し，それを相続によって取得したものである場合，当初の購入代金と相続登記に関する費用があわせて実額取得費となる。市街地価格指数による推定取得費は，当初の購入代金に代わるものであるため，相続登記に関する費用とあわせて実額取得費とみなされるものと考えられる。

一方，概算取得費５％を適用する際には，全て含めて５％となることから，先の

第３章　土地の取得費をめぐる裁判例・裁決例　*123*

例においては相続登記費用も5％に含まれることととなる。つまり，概算取得費と相続登記費用の合算はできないこととなる。したがって，実務上は，5％よりも登記費用や立退料の方が高くなるような場合には，購入代金をゼロとした上で，その後に支払った登記費用や立退料を実額取得費とすることとなり，購入代金をゼロ円として取り扱うことになる。

第 **4** 章

土地と建物の取得費をめぐる
裁判例・裁決例

　これまでは，土地の譲渡について，取得費が不明な場合にどのような方法で取得費を算出すべきかについて確認してきた。

　加えて，不動産売買には土地と建物が一体として売買されるケースがある。そこで，本章では，土地と建物が一体として売買が行われた場合に，それぞれの取得費をどのように区分するのか，また，いずれの取得費も不明な場合には取得費をどのように算出すべきかを確認しておきたい。

土地と建物を一括取得した場合の取得価額の区分

1　土地と建物の一括取得

　譲渡所得は，資産の譲渡による収入金額からその資産の取得費と譲渡費用との合計額を差し引いてする。この取得費は，資産の取得に要した金額にその後の設備費と改良費を加えた額である。

　建物については，購入代金又は建築代金をそのまま取得費とするのではなく，建物は年月が経つとともに価値が減少すると考えられるため，購入代金又は建築代金から減価償却費相当額を差し引いた額とする。

　一方の土地については，経年劣化による価値の減少がないため，減価償却費を差し引くことはない。このように土地と建物とでは扱いが異なるため，あらかじめ土地の購入代金と建物の購入代金を別々に把握する必要がある。

　なお，譲渡資産が，例えば，建売住宅や中古住宅，分譲マンション（以下，あわせて「マンション等」という）のように土地と建物が一体となっている場合には，以下の算式のとおり，土地の購入代金はそのまま土地の取得費とし，建物の購入代金については減価償却をして建物の取得費を計算する。

〈算式〉

　マンション等の購入代金 ＝ 土地の購入代金 ＋ 建物の購入代金

　　土地の取得費 ＝ 土地の購入代金

　　建物の取得費 ＝ 建物の購入代金 － 減価償却費

　ただし，土地と建物が一体となっている物件を一括で取得した場合，土地の取得費と建物の取得費を明確に区分することができないケースがある。そのような取得費の算定方法については，土地と建物とで合理的な方法であん分計算し，それぞれの取得費を区分する必要がある。

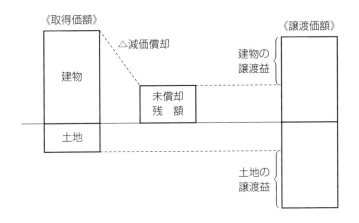

2 土地と建物を一括取得した場合の取得価額の区分

　土地と建物を1つの契約により取得した場合における土地の取得価額については、次の（1）から（3）によることとされている（措通35の2-9）。

（1） 土地及び建物の価額が契約において区分されている場合

　土地及び建物の価額が当事者間の契約において区分されており、かつ、その区分された価額が取得の時の価額として概ね適正なものであるときは、その契約により明らかにされている土地の価額による。

（2） 土地及び建物の価額が契約において区分されていない場合

　土地及び建物の価額が当事者間の契約において区分されていない場合であっても、例えば、その土地及び建物が建設業者から取得したものであって、その建設業者の帳簿書類にそれぞれの価額が区分して記載されているなど、それぞれの価額がその取得先等において確認され、かつ、その区分された価額が取得の時の価額として概ね適正なものである時は、その確認された土地の価額によることができる。

（3） （1）及び（2）により難い場合

　（1）及び（2）により難いときは、一括して取得した土地及び建物のその取得の

時における価額の比によりあん分して計算した当該土地の金額を，当該土地の取得
価額とする。

2 土地及び建物の価額が契約において区分されている場合

1 土地建物の実額取得費による場合

　土地及び建物の取得価額が不動産売買契約書において区分されており，かつ，その区分された価額が取得の時の価額として概ね適正なものであるときは，それぞれその契約により明らかにされている価額による。

　なお，建物については，購入代金など取得に要した金額から減価償却費を控除して取得費を算出する。

土地の購入代金：1,000万円

建物の購入代金：4,000万円

建物の構造：鉄筋コンクリート造

経過年数：6年8か月

①建物の減価償却費相当額

　まず，建物は鉄筋コンクリートであるため償却費は0.015，経過年数は6か月以上の端数は1年とし，6か月未満の端数は切り捨てるため7年となる。これにより，減価償却費の計算は下記のとおりである。

$$\begin{array}{c} & \text{購入・建築代金} & \text{償却率} & \text{経過年数} \\ \text{減価償却費相当額} = & 4,000万円 & \times\ 0.9\ \times\ 0.015\ \times & 7年 & = 378万円 \end{array}$$

②建物の取得費

　そして，建物の取得費は，下記のとおりである。

第4章　土地と建物の取得費をめぐる裁判例・裁決例

購入・建築代金　　償却費相当額

建物の取得費 ＝ 　4,000 万円 　－ 　 378 万円 　＝ 3,622 万円

土地の取得費：1,000 万円

建物の取得費：3,622 万円

2　建物の購入における消費税が分かる場合

　土地と建物を一括購入した場合，土地には消費税がかからないが，建物には消費税がかかる。そのため，土地及び建物の価額が当事者間の契約において区分されていない場合であっても，売買契約書等に建物の消費税の額が記載されている場合には，消費税の額を基礎として建物と土地の取得価額を区分することができる。

　消費税額を基礎とした建物の取得価額の算出方法は，次の算式のとおりである。

〈算式〉

その建物の消費税額 × $\dfrac{1＋消費税の税率}{消費税の税率}$ ＝ 建物の取得価額

　なお，消費税率についてはこれまでに数次の改正が行われているため，購入年月日ごとの消費税率については次のとおりである。

【消費税率の改正経緯】

購入年月	消費税率
平成元年 4 月 1 日～平成 9 年 3 月 31 日	3 ％
平成 9 年 4 月 1 日～平成 26 年 3 月 31 日	5 ％
平成 26 年 4 月 1 日～令和元年 9 月 30 日	8 ％
令和元年 10 月 1 日以降	10 ％

（注）経過措置により旧税率が適用されている場合があるため注意が必要。

土地建物の購入金額：4,000万円

消費税：240万円

購入日：平成27年4月1日

建物の構造：鉄筋コンクリート造

経過年数：6年6か月

①建物の取得価額

この場合，購入当時の消費税率は8％のため，建物の取得価額は，以下のとおりとなる。

$$\underset{\text{消費税額}}{240\text{万円}} \times \underset{\text{消費税率}}{\frac{\overset{\text{1＋消費税率}}{1＋8\％}}{8\％}} = \underset{\text{建物の取得価額}}{3,240\text{万円}}$$

②土地の取得価額

土地の取得価額については，以下のとおりである。

$$\text{土地の取得価額} = \underset{\text{土地建物の購入金額}}{4,000\text{万円}} - \underset{\text{建物の取得価額}}{3,240\text{万円}} = 760\text{万円}$$

③建物の取得費

そして，建物の取得費は，以下の算式のとおり，建物の購入金額に償却費相当額を控除して算出する。

$$\text{減価償却費} = \underset{\text{建物の取得価額}}{3,240\text{万円}} \times 0.9 \times \underset{\text{償却率}}{0.015} \times \underset{\text{経過年数}}{7\text{年}} = 306\text{万}1,800\text{円}$$

$$\text{建物の取得費} = \underset{\text{建物取得価額}}{3,240\text{万円}} - \underset{\text{償却費相当額}}{306\text{万}1,800\text{円}} = 2,933\text{万}8,200\text{円}$$

3 土地及び建物の価額が区分されていない場合

1 建物の標準的な建築価額による取得価額の算定

　建物と土地を一括取得した場合で，土地及び建物の価額が契約において区分されていない場合や取得先等においても価額の区分が確認できない場合は，その取得の時における価額の比により按分して土地及び建物の取得価額を区分する。

　具体的な方法としては，①取得価額の総額から建物の取得価額を見積もり，同額を差し引いて土地の取得価額とする方法，②建物及び土地の固定資産税評価額によって取得価額総額を按分する方法，③建物及び土地の何れかの時価を算定し取得価額総額から差し引く方法等が考えられる。

　なお，建物の取得価額を見積もる方法として，「建物の標準的な建築価額」を基に，次の算式で建物の取得価額を計算しても差し支えないこととされている[1]。標準的な建築価額とは，国土交通省が毎年公表している 1m² 当たりの工事費の平均値のことである。

（1） 新築の建物を購入している場合

譲渡した建物の建築年に対応する「建物の標準的な建築価額表」の建築単価	×	その建物の床面積（延床面積）(※)	=	建物の取得価額

（2） 中古の建物を購入している場合

譲渡した建物の建築年に対応する「建物の標準的な建築価額表」の建築単価	×	その建物の床面積（延床面積）(※)	−	その建物の建築時から取得時までの経過年数に応じた償却費相当額	=	建物の取得価額

（※）建物がマンションである場合の床面積は，その専有部分の床面積によっても差し支えない。

---

(1)　国税庁「令和 5 年分譲渡所得の申告のしかた」34 頁

【建物の標準的な建築価額による建物の取得価額の計算表】

(1) 次により，減価償却の基礎となる建物の取得価額を求める。

売却した建物の建築年月日(注1)	①	年　　月　　日		
上記1の**建物の標準的な建築価額表**で求めた建築単価	②	00円／m²		
その建物の床面積（延べ床面積）(注2)	③	m²		
その建物の取得価額	④	（②×③）　　　　　　　　　　円		

(注1) 建築年月日や建物の構造は，譲渡した建物の登記事項証明書で確認できる。
(注2) 建物がマンションである場合の床面積は，その専有部分の床面積によっても差し支えない。

(2) 売却した建物が，その購入時点で中古建物の場合には，上記（1）の計算に加え，次により，取得までの期間に減価した額を計算して，減価償却の基礎となる建物の取得価額を求める。

売却した建物を購入した日	⑤	年　　月　　日
その建物の建築年月日（①）から購入した日（⑤）までの経過年数(注3)	⑥	年
その建物の償却率（「非業務用建物（居住用）の償却率」を参照）	⑦	00円／m²
その建物を購入した日までに減価した額	⑧	（④×0.9×⑥×⑦）　　　円
その建物が中古建物の場合の取得価額 （※　購入した際に増改築されている場合には，その費用をこの価額に加算する。）	⑨	（④－⑧）　　　　　　　円

(注3) 経過年数の6か月以上の端数は1年とし，6か月未満の端数は切り捨てる。

また，「建物の標準的な建築単価」は下表のとおりである。

第4章　土地と建物の取得費をめぐる裁判例・裁決例　*133*

【建物の標準的な建築価額表】

（単位：千円/m²）

構造 建築年	木造・木骨モルタル造	鉄骨鉄筋コンクリート造	鉄筋コンクリート造	鉄骨造
昭和34年	8.7	34.1	20.2	13.7
35年	9.1	30.9	21.4	13.4
36年	10.3	39.5	23.9	14.9
37年	12.2	40.9	27.2	15.9
38年	13.5	41.3	27.1	14.6
39年	15.1	49.1	29.5	16.6
40年	16.8	45.0	30.3	17.9
41年	18.2	42.4	30.6	17.8
42年	19.9	43.6	33.7	19.6
43年	22.2	48.6	36.2	21.7
44年	24.9	50.9	39.0	23.6
45年	28.0	54.3	42.9	26.1
46年	31.2	61.2	47.2	30.3
47年	34.2	61.6	50.2	32.4
48年	45.3	77.6	64.3	42.2
49年	61.8	113.0	90.1	55.7
50年	67.7	126.4	97.4	60.5
51年	70.3	114.6	98.2	62.1
52年	74.1	121.8	102.0	65.3
53年	77.9	122.4	105.9	70.1
54年	82.5	128.9	114.3	75.4
55年	92.5	149.4	129.7	84.1
56年	98.3	161.8	138.7	91.7
57年	101.3	170.9	143.0	93.9
58年	102.2	168.0	143.8	94.3
59年	102.8	161.2	141.7	95.3
60年	104.2	172.2	144.5	96.9
61年	106.2	181.9	149.5	102.6
62年	110.0	191.8	156.6	108.4
63年	116.5	203.6	175.0	117.3
平成元年	123.1	237.3	193.3	128.4
2年	131.7	286.7	222.9	147.4

構造 建築年	木造・木骨モルタル造	鉄骨鉄筋コンクリート造	鉄筋コンクリート造	鉄骨造
平成3年	137.6	329.8	246.8	158.7
4年	143.5	333.7	245.6	162.4
5年	150.9	300.3	227.5	159.2
6年	156.6	262.9	212.8	148.4
7年	158.3	228.8	199.0	143.2
8年	161.0	229.7	198.0	143.6
9年	160.5	223.0	201.0	141.0
10年	158.6	225.6	203.8	138.7
11年	159.3	220.9	197.9	139.4
12年	159.0	204.3	182.6	132.3
13年	157.2	186.1	177.8	136.4
14年	153.6	195.2	180.5	135.0
15年	152.7	187.3	179.5	131.4
16年	152.1	190.1	176.1	130.6
17年	151.9	185.7	171.5	132.8
18年	152.9	170.5	178.6	133.7
19年	153.6	182.5	185.8	135.6
20年	156.0	229.1	206.1	158.3
21年	156.6	265.2	219.0	169.5
22年	156.5	226.4	205.9	163.0
23年	156.8	238.4	197.0	158.9
24年	157.6	223.3	193.9	155.6
25年	159.9	258.5	203.8	164.3
26年	163.0	276.2	228.0	176.4
27年	165.4	262.2	240.2	197.3
28年	165.9	308.3	254.2	204.1
29年	166.7	350.4	265.5	214.6
30年	168.5	304.2	263.1	214.1
令和元年	170.1	363.3	285.6	228.8
2年	172.0	279.2	276.9	230.2
3年	172.2	338.4	288.2	227.3

（注1）「建築着工統計（国土交通省）」の「構造別：建物物の数，床面積の合計，工事費予定額」表を基に，1m² 当たりの工事費予定額を算出（工事費予定額÷床面積の合計）したものである。

（注2）この「建物の標準的な建築価額表」は，譲渡所得の計算を行うに当たり，土地と建物を一括で取得しており取得時の契約においてそれぞれの金額が区分されていないなどのため，建物の取得価額が不明

なときに，土地と建物の価額の区分の一方法として，建物の取得価額を算定するために使用するものである。なお，①契約書等により土地と建物の価額が区分して記載されている場合，②建物に係る消費税額が判明しているためこれを消費税率で割り戻すことにより建物の価額が把握できる場合は使用しない。

（出典）国税庁「令和5年分譲渡所得の申告のしかた」

〈設例〉

　私は，Y市△△町6-6-4の土地（公簿：350m²）と建物（床面積200m²，木造）を令和5年1月10日に7,200万円で売却する契約を締結しました。

　売却に当たっては，契約時に手付金として1,440万円を受領し，同年2月1日に残金5,760万円を受領するとともに，土地と建物を買主に引き渡しました。

　この土地と建物は，平成元年3月に6,000万円で購入したもので，売却するまで自分で住んでいました。新築の建売住宅を購入したもので，土地と建物の価額が区分されていません。この土地と建物の取得費はどのようになるでしょうか。

　この事例の物件のように，購入時の契約において土地と建物の価額が区分されていない場合には，土地と建物の取得時の価額（時価）の割合で区分する。

　なお，建物の取得価額が不明な場合には，「建物の標準的な建築価額表」を基に計算しても差し支えない。

①建物の取得価額

　「建物の標準的な建築価額表」を基に計算すると，その取得価額は，次のとおりとなる。

　　建築価額単価(※)　　　床面積　　　建物の取得価額
　　123,100円/m²　×　200.00m²　＝　24,620,000円

（※）建築価額単価

　事例の建物は，平成元年に建築された木造住宅であるため，「建物の標準的な建築価額表」の建築単価は，123,100円／m²となる。

第4章　土地と建物の取得費をめぐる裁判例・裁決例　　*135*

構造 建築年	木造・木骨モルタル	鉄骨鉄筋コンクリート	鉄筋コンクリート	鉄骨
昭和52年	74.1	121.8	102.0	65.3
53年	77.9	122.4	105.9	70.1
54年	82.5	128.9	114.3	75.4
55年	92.5	149.4	129.7	84.1
56年	98.3	161.8	138.7	91.7
57年	101.3	170.9	143.0	93.9
58年	102.2	168.0	143.8	94.3
59年	102.8	161.2	141.7	95.3
60年	104.2	172.2	144.5	96.9
61年	106.2	181.9	149.5	102.6
62年	110.0	191.8	156.6	108.4
63年	116.5	203.6	175.0	117.3
平成元年	123.1	237.3	193.3	128.4
2年	131.7	286.7	222.9	147.4
3年	137.6	329.8	246.8	158.7

構造 建築年	木造・木骨モルタル	鉄骨鉄筋コンクリート	鉄筋コンクリート	鉄骨
平成4年	143.5	333.7	246.6	162.4
5年	150.9	300.3	227.5	159.2
6年	156.6	262.9	212.8	148.4
7年	158.3	228.8	199.0	143.2
8年	161.0	229.7	198.0	143.6
9年	160.5	223.0	201.0	141.0
10年	158.6	225.6	203.8	138.7
11年	159.3	220.9	197.9	139.4
12年	159.0	204.3	182.6	132.3
13年	157.2	186.1	177.8	136.4
14年	153.6	195.2	180.5	135.0
15年	152.7	187.3	179.5	131.4
16年	152.1	190.1	176.1	130.6
17年	151.9	185.7	171.5	132.8
18年	152.1	170.5	178.8	133.7

構造 建築年	木造・木骨モルタル	鉄骨鉄筋コンクリート	鉄筋コンクリート	鉄骨
平成19年	153.6	182.5	185.8	135.6
20年	156.0	229.1	206.1	158.3
21年	156.6	265.2	219.0	169.5
22年	156.5	226.4	205.9	163.0
23年	156.8	238.4	197.0	158.9
24年	157.6	223.3	193.9	155.6
25年	159.9	258.5	203.8	164.3
26年	163.0	276.2	228.0	176.4
27年	165.4	262.2	240.2	197.3
28年	165.9	308.3	254.2	204.1
29年	166.7	350.4	265.5	214.6
30年	168.5	304.2	263.1	214.1
令和元年	170.1	363.3	285.6	228.8
2年	172.0	279.2	276.9	230.2
3年	172.2	338.4	288.2	227.3

(注1)「建築着工統計（国土交通省）」の「構造別：建築物の数、床面積の合計、工事費予定額」表を基に、1㎡当たりの工事費予定額を算出（工事費予定額 ÷ 床面積の合計）したものです。

設例の場合の建築単価　123,100 円／㎡

②土地の取得価額

土地の価額は，土地建物全体の取得価額60,000,000円から，①で計算した建物の取得価額24,620,000円を差し引いた価額35,380,000円となる。

一括の購入価額　　　建物の取得価額　　　土地の取得価額
60,000,000 円　－　24,620,000 円　＝　35,380,000 円

③建物の取得費

建物のように期間が経過することにより減価する資産は，その資産の「取得価額」から「償却費相当額」を控除した金額が「取得費」となる。

この事例では，平成元年に新築した木造の建物であるため，その「償却費相当額」の計算における償却率は，「木造00.31」，経過年数は，「平成元年3月〜令和5年2月（33年10か月）34年」となる。6か月以上の端数は1年とし，6か月未満の端数は切り捨てる。

事業用の建物を譲渡した場合には，上記計算によらず，原則として，その建物を譲渡した日時点の未償却残高が取得費となる。

取得価額　　　　　　償却率　　経過年数　　　償却費相当額
24,620,000 円 × 0.9 × 0.031 × 34 年 ＝ 23,354,532 円

土地と建物を一括で取得しており建物の取得価額が不明な場合について，建物の取得価額を算定する際の合理的で妥当性があると考えられる算定方法として「建物の標準的な建築価額表」を用いた計算が，「平成 11 年分土地や建物の譲渡所得のあらまし」（納税者に説明用として配布する資料）の中に盛り込まれ，平成 12 年 2 月から 3 月にかけての確定申告期前までに当該資料を各税務署に配備することとされた。

　「建物の標準的な建築価額表」を用いた計算に当たっては，国税庁資産税課「建物と土地を一括で取得している場合の「建物の取得価額」について（平成 12 年 8 月 29 日）」において，以下の留意事項が示されている。

【活用に当たっての留意事項】

1　使用目的及びその範囲

　「建物の標準的な建築価額表」（以下「建築価額表」という。）は，土地と建物を一括で取得しており取得時の契約においてそれぞれの価額が区分されていないなどのため，建物の取得価額が不明なときに，土地と建物の価額の区分の一方法として，建物の取得価額を算定するために使用するものである。

　したがって，①契約書等によりそれぞれの価額が区分して記載されている場合又は②建物に係る消費税額が判明しているためこれを消費税率で割り戻すことにより建物の価額が把握できる場合には，その価額を基に償却費相当額の計算を行うことに留意する。

　また，原則として，譲渡所得の計算を行う場合にのみ使用することを目的として作成したものであることに留意する。

2　使用方法

(1) 譲渡建物の建築年に対応する建築価額表の建築単価（年別：構造別）にその建物の床面積（延床面積）を乗じた金額をその建物の取得価額として計算する。

　建物がマンションである場合の床面積は，その者が有する専有部分の床面

積によることとして差し支えない。

(2) 建物の構造については，契約書又は登記簿等に記載された構造に応じて，建築価額表に掲げる構造の区分ごとに区分して適用する。

(3) 中古の建物を取得している場合には，当該建物が建築された年に対応する建築価額表の単価に床面積を乗じて求めた建築価額を基に，その建築時から取得時までの経過年数に応じた償却費相当額を控除した残額を取得価額として計算して差し支えない。

《質疑応答》

> (問)「建物の標準的な建築価額」表は，どのような場合に使用するのか。

(答)

1　建物と土地を一括で購入している場合の建物の取得価額については，その購入時の契約書等において建物と土地の価額が区分されている場合には，その価額により，また，契約書等に区分された建物の価額が記載されていない場合でも，その建物に課税された消費税額が分かるときには，その消費税額を基に建物の価額を計算します。

　　しかし，購入時の契約において建物と土地の価額が区分されていない場合には，建物と土地の購入時の時価の割合で区分することとなります。この「建物の標準的な建築価額」表は，この場合の区分の一方法として，建物の取得価額を算定するために使用するものです。

2　「建物の標準的な建築価額」表は，構造別に建築年ごとの標準的な建築単価を示しているので，譲渡した建物の構造別に，その建物の建築年に対応する建築単価（1平方メートル当たり，千円単位）に，その建物の床面積（マンションの場合には，専有部分の床面積）を乗じて求めた価額を建物の取得価額として計算することになります。

（参考）

　　この計数は，建築統計年報書（建設省）に掲げられている「構造別，用途別－建築物の数，床面積の合計，工事費予定額」の全国計の数値の「工事費予定額」を「床面積の合計」（いずれも全国計の数値）で除して算出したものであり，１平方メートル当たりの建築単価を千円単位で示している。

（問）建物の取得価額が契約書で区分されている場合や建物に係る消費税額が分かる場合でも，「建物の標準的な建築価額」表により計算した建物価額により譲渡所得を計算してよいか。

（答）

　「建物の標準的な建築価額」表による建物の取得価額の計算は，建物の取得価額が分からない場合に行うものであり，お尋ねのような，実際の価額が分かっている場合には，その実際の取得価額により譲渡所得の金額を計算することになります。

（問）建築統計年報をみると，譲渡建物の所在する○○県の建物の建築価額は，全国平均による建物の建築価額よりも低いようであるが，○○県の建物の建築価額の単価を使用してもよいか。

（答）

　この「建物の標準的な建築価額」表は，建物の標準的な建築価額から簡便的に建物の取得価額を求めるために作成しているものです。

　したがって，他の合理的な方法や指標があれば，それによって算定することも可能であり，建築統計年報による○○県の数値により建物の取得価額を算定

> しても差し支えありません。

（参考）国税庁資産税課「建物と土地を一括で取得している場合の「建物の取得価額」について（平成 12 年 8 月 29 日）」

2 従来の取扱い

　平成 11 年総務庁（現総務省）の報告によると，同時に取得した土地と建物の取得費の内訳が明らかでない場合の取得費の算定方法については，法令上特段の定めがないことから，各税務署において複数の取扱いが考えられていた[2]。

　当該報告によると，ある事案では，建物の取得価額を建設統計月報の「構造別建物建築費表」から推計し，取得総額から建物の価額を差し引いた金額が土地の取得費とされている。

　またある事案では，取得当時の路線価（地価の 70 ％相当）から坪単価を逆算した価額が土地の取得費とされている。

　さらに別の事案では，取得当時の時価を検討の上，取得総額の 30 ％が土地の取得費，70 ％が建物の購入金額とされている。

【税務調査結果に基づき税務署等が行った，同時に取得した土地と建物の取得費の内訳が不明な場合の再算定方法の比較】

> **(1) 「構造別建物建築費表」（建設統計月報）を基に土地の取得費を算定している事案**
> 〈税務署名〉
> A 税務署
> 〈課税物件〉
> 他県に所在する土地及び建物（昭和 51 年に同時に取得）

---

[2]　総務庁行政監察局「税務行政監察結果報告書（平成 12 年 11 月）」〔TAINS・税務行政監察結果報告書 H121100-3-03〕

〈算定方法〉

　土地と建物の総額 27,500 千円の売却金額の内訳として，父が売却した土地代を 25,025 千円（91 ％），子が売却した建物代を 2,475 千円（9 ％）としていることから，昭和 51 年に取得した総額 18,000 千円の当該資産の取得費についても，土地代を 91 ％の 16,380 千円，建物代を 9 ％の 1,620 千円とし，税務署に，土地の取得費を 16,380 千円として申告

〈譲渡所得金額〉

6,553 千円

〈再算定方法〉

　調査の結果，昭和 51 年に当該資産を取得した際の売買契約書は総額 18,000 千円とされているのみで，土地と建物の内訳は計上されていなかった。

　当該土地の所在が遠方であり，納税者自身も土地の取得価額を把握できないため，税務署では，昭和 51 年当時の建設統計月報（建設省）の「構造別建物建築費表」（木造の 1 平方米当たり単価を適用）から推計して，建物の価額（5,847 千円）を積算し，これを納税者に示し，納税者も適正であると判断したので，取得総額 18,000 千円から建物の価額 5,847 千円を差し引いた金額 12,153 千円を土地の取得費とした。

〈譲渡所得金額〉

10,878 千円

(2)　取得当時の路線価から土地の時価を算出して土地の取得費を算定している事案

〈税務署名〉

B 税務署

〈課税物件〉

　昭和 51 年に土地及び建物を合わせて取得した資産（建物は途中で取壊し，土地のみを譲渡）

第 4 章　土地と建物の取得費をめぐる裁判例・裁決例　　*141*

〈算定方法〉

　昭和51年に総額5,700千円で土地と建物を取得しており，今回，譲渡所得の申告に当たって，土地の取得費を4,389千円として申告

〈譲渡所得金額〉

2,108千円

〈再算定方法〉

　調査の結果，昭和51年に当該資産を取得した際の資料では総額5,700千円であることが判明したのみで，土地と建物の内訳を示す根拠（資料）は見出されなかった。税務署では，昭和51年当時の路線価（地価の70％相当）から地価（坪単価）を逆算して，譲渡資産（土地）の面積（坪）を乗じて算出した価額4,042千円を土地の取得費とした。

〈譲渡所得金額〉

2,455千円

(3)　購入金額の30％を土地の取得費，70％を建物の取得費に按分している事案

〈税務署名〉

C税務署

〈課税物件〉

土地持分のある分譲マンション（昭和52年に購入）

〈算定方法〉

　昭和52年にマンションを購入した金額8,400千円を基に減価償却を行った額5,572千円を取得費として申告

〈譲渡所得金額〉

1,542千円

〈再算定方法〉

　調査の結果，昭和52年に購入したマンションは土地持分があるにもかかわらず，土地の取得費をゼロ円として申告しており，納税者にとって不利な申告

となっていることが判明した。税務署では，取得当時の時価を検討の上，購入金額 8,400 千円の 30 ％である 2,520 千円を土地の取得費とし，また，70 ％の 5,880 千円を建物のみの当時の購入金額とし，この額から減価償却費相当額を差し引いた額 3,874 千円を建物の取得費とし，両者を加えた額 6,394 千円をマンションの取得費とした。

〈譲渡所得金額〉

720 千円

当時，国税局の中には，次のように，「構造別建物建築費表」（建設統計月報）を基に取得当時の建物の価額を算出する方法を定めているところもみられている[3]。

【「同時に取得した土地と建物の取得費の内訳が明らかでない場合の取得費の算定方法」に係る国税局の「情報」の内容】

(2) 「取得価額（土地・建物）の配分について」

　建売住宅やマンションなどのように建物の取得費と土地の取得費とを明確に区分できない場合がある。そのような場合に，建物の減価償却費の計算の基礎となる価額を算定するための参考として「構造別建物建築費表」及び「全国市街地価格指数表」を作成している。

（注）活用に当たっての留意点

1　建物の取得価額は，原則として納税者から提示された工事請負契約書及び領収書等の証ひょう書類等を確認した上で算定することとなる。

2　資産の取得時の契約書等により，土地と建物の取得価額が区分されており，かつ，その区分が取得の時の価額の比により適正に区分されていると認められるときは，その区分計算を尊重してこれを認めることとする。

---

(3)　総務庁行政監察局「税務行政監察結果報告書（平成 12 年 11 月）」〔TAINS・税務行政監察結果報告書 H121100-3-03〕

3　土地と建物の取得費の総額からこの数値を使用して算定した建物の取得価
　額を控除した後の土地の取得費が，土地の価額の上昇指数等から算出した価
　額と著しい開差があるときは，再検討を要することになる。

イ　構造別建物建築費表　（略）
ロ　六大都市を除く市街地価格指数表　（略）

3　土地について売買実例価額を基に推計された事例

　前述のとおり，建物と土地を一括取得した場合で取得価額の区分が確認できない
場合の取得費を算定する方法には，①取得価額の総額から建物の取得価額を見積も
り，同額を差し引いて土地の取得価額とする方法，②建物及び土地の固定資産税評
価額によって取得価額総額を按分する方法，③建物及び土地のいずれかの時価を算
定し取得価額総額から差し引く方法などが考えられる。

　実務上，固定資産税評価額によってあん分する方法は簡便的に活用することがで
きる。消費税の取扱い（土地の譲渡については非課税であるが，建物の譲渡につい
ては課税対象となるため，土地と建物の譲渡代金を区分する必要がある）において
は，(1) 譲渡時における土地及び建物のそれぞれの時価の比率によるあん分，(2)
相続税評価額や固定資産税評価額を基にしたあん分，(3) 土地，建物の原価（取得
費，造成費，一般管理費・販売費，支払利子等を含む）を基にしたあん分などが採
用されており(4)，固定資産税評価額を基にしたあん分が多く使われている。

　また，一括取得した土地建物の取得価額の区分について，取得価額の総額から土
地の取得価額を推計し，同額を差し引いて建物の取得価額とするのが相当であると
した事例として昭和 63 年 12 月 26 日裁決〔TAINS・F0-1-855〕がある。

【昭和 63 年 12 月 26 日裁決】

　昭和 63 年 12 月 26 日裁決〔TAINS・F0-1-855〕は，一括取得した土地建物
の取得価額の区分について，建物の取得価額は，取得価額の総額から，売買実

(4)　国税庁タックスアンサー「No.6301　課税標準」参照

例価額を基にして推計した土地の取得価額を差し引く方法により算定するのが相当であるとした事例である。

（1）　事案の経緯

① 　請求人は，昭和59年12月28日の売買契約に基づき，昭和60年1月31日に宅地782.61m² 及び宅地43.80m²（以下「本件土地」という）並びにその宅地の上に存する建物214.37m²（以下「本件建物」といい，「本件土地」とあわせて「本件物件」という）を譲渡（以下「本件譲渡」という）した。

② 　請求人は，譲渡所得金額の算定に当たって，本件土地の取得価額8,500,000円を本件物件の取得費として申告した。

③ 　原処分庁は，本件物件の取得価額8,500,000円の中には本件建物の取得価額が含まれているとして更正処分を行った。

（2）　原告の主張

　本件物件は，8,500,000円で取得したものであるが，当該金額は本件土地のみの価額であり，本件建物の取得価額は含まれていない。

　当該取得価額は，本件土地の当時の時価である坪単価34,000円に本件土地の面積約250坪を乗じて算定した価額である。

　本件物件の所有権移転請求権仮登記の日付は，昭和43年12月12日となっているが，本件物件について取引の話が成立したのは昭和42年12月頃であり，当時の本件建物は，ブロック基礎の上に柱が建ち，屋根瓦が乗っていたという程度の未完成の建物であったため，請求人は，それ以後本件建物を完成させ，昭和44年の始めに営業を開始するまでに，8,500,000円とは別に建築工事代，内装工事代及び設備工事代等として3,000,000円を建築業者に支払っている。

　したがって，本件物件の取得費は，本件土地の取得価額8,500,000円に本件建物の取得価額3,000,000円を加算した取得価額11,500,000円を基に算定すべきである。

第4章　土地と建物の取得費をめぐる裁判例・裁決例　　*145*

（3） 被告の主張

　請求人は本件物件の取得費 8,500,000 円は，その金額が本件土地のみの取得価額であり，本件建物の取得価額はこれに含まれていないと主張するが，本件建物については，①昭和 43 年 7 月 20 日に所有権の保存登記がされていること，②昭和 44 年 1 月 1 日現在で，2,234,672 円の固定資産税評価額が付されていること，③昭和 44 年始め頃から昭和 56 年頃までの間，請求人はホテルとして事業の用に供していたこと等の事情から判断して，本件建物は本件土地とともに 8,500,000 円で取得し，当該金額の中には本件建物の取得価額が含まれているものと認められる。

　そして，本件建物の取得価額は，本件物件の取得価額 8,500,000 円から売買実例価額を基にして算定した本件土地の取得価額を差し引く方法により算定するのが合理的であると認められたので，同方法により次のとおり算定したものである。

A　本件土地の取得価額

　本件土地の取得価額は，本件土地の近隣地の昭和 42 年 6 月の売買実例価額 1m² 当たり 5,097 円を基に，請求人が取得したとしている昭和 43 年 12 月時点での修正を行った 1m² 当たりの時価 6,023 円に本件土地の面積 826.41m² を乗じて算定した額 4,977,467 円である。

B　本件建物の取得価額及び取得費

　本件建物の取得価額は，本件物件の取得価額 8,500,000 円から前記 A の本件土地の取得価額 4,977,467 円を差し引いた 3,522,533 円となり，譲渡所得の計算上控除される本件建物の取得費は，3,522,533 円から次の算式で求めた減価償却費の累積額 2,818,026 円を差し引いた 704,507 円である。

〈算　式〉

$$3,522,533 円 \times 0.9 \times \frac{経過年数\ 16年}{耐用年数\ 18年} = 2,818,026 円$$

（注）本件建物の耐用年数は，木造の旅館用のもの 18 年を適用した。経過年数は，昭和 44 年 1 月から昭和 59 年 12 月までの 16 年とした。

146

したがって，本件物件の取得費の額は，前記Ａの4,977,467円とＢの704,507円を合計した額5,681,974円である。

（4）　判断

①　認定事実

　原処分関係資料，請求人の答述及び請求人の提出資料並びに当審判所の調査によれば次の事実等が認められる。

（ⅰ）本件物件の登記簿謄本によれば，

　　Ａ　本件建物は，昭和43年7月18日の新築を原因として同月19日に表示登記され，同月20日に所有権保存登記がされていること

　　Ｂ　さらに，本件建物の所有権以外の権利関係に関する事項欄には，昭和43年7月24日に原因を昭和43年7月23日の金融取引契約に係る根抵当権設定とした登記がされていること

　　Ｃ　本件物件は請求人名義で，昭和43年12月12日の売買予約を原因とする所有権移転請求権仮登記が同月13日にされ，昭和44年2月6日の売買を原因とする所有権移転登記が同月8日にされていること。

　　Ｄ　本件建物は，昭和60年1月14日に取壊しを原因として同月25日に滅失登記がされていること

（ⅱ）本件物件の取得に関する売買契約書等は保存されていないが，昭和60年分の確定申告書に添付された「譲渡所得計算書」によると，本件土地の購入年月日は昭和43年12月23日，購入代金は8,500,000円となっていること

（ⅲ）昭和44年1月1日現在で固定資産税評価額は本件土地が521,154円，本件建物が2,234,672円となっていること

（ⅳ）請求人が提出した「昭和43年建物概算見積書」は，昭和62年2月15日に本件建物の建築とは関係のない者が作成したものであること。なお，完成時の本件建物の見積価格は，2,561,300円と記載されていること

（ⅴ）請求人は，昭和44年の始めから昭和56年3月ころまで，本件物件の所在地において旅館業を営んでいたこと

（ⅵ）本件建物は旅館業を廃業してから取壊しされるまで放置していたこと及び取壊しは昭和60年1月に行ったこと

② **本件物件の取得費**

以上の事実等を基に判断すると次のとおりである。

（ⅰ）当審判所は，請求人に対し本件物件の取得費について請求人の主張を立証する証拠書類の提出を求めたが，請求人は本件物件の譲渡に関する売買契約書，登記簿謄本及び「昭和43年建物概算見積書」を提出したのみで，本件物件に係る，①取得に係る売買契約書及び領収証，②本件建物の建築関係書類，③請求人の本件土地の価額の算定基準である坪当たりの単価が34,000円が当時の時価であることを証明する資料，④本件建物に係る減価償却に関する資料等を提出せず，本件物件の取得の事実関係については確認が不可能である。

（ⅱ）本件土地は「譲渡所得計算書」では昭和43年12月23日に取得されたと認められるが，本件建物は，新築を原因とした表示登記を経て，昭和43年7月20日に所有権保存登記がされており，この建物には訴外会社の債務の担保として根抵当権が設定されていることもあり，本件建物は昭和43年7月には既に完成していたものと認められる。

このことは，請求人自らが昭和44年の始めから本件建物を事業の用に供していたこと及び昭和44年1月1日現在で固定資産税の評価額を付していることからも明らかである。

したがって，本件物件の取得価額8,500,000円の中には，本件建物の取得価額が含まれているとみるのが相当であり，本件建物の価額は含まれないとする請求人の主張は採用できない。

③ **推計による取得価額の区分**

本件のように，土地及び建物を一括購入した場合における，それぞれの取得価額は，一括購入した資産の取得価額総額をその取得した時における，土地及び建物のそれぞれの通常の状態における取引価額の比等によってあん分して計算するのが合理的な方法であると一般的には解されており，具体的な方法としては，①取得価額

総額から建物の取得価額を見積もり，同額を差し引いて土地の取得価額とする方法，②建物及び土地の固定資産税評価額によって取得価額総額をあん分する方法，③建物及び土地のいずれかの時価を算定し取得価額総額から差し引く方法等が考えられる。

ところで，①の方法については，請求人の提出した「昭和43年建物概算見積書」は信ぴょう性に乏しく，また，本件建物の見積りが困難であるために採用し難く，②の方法については，本件土地の評価額521,154円に対し本件建物の評価額は2,234,672円であり，これらの評価額の比により，本件物件の取得価額をあん分すれば，本件土地の価額1,607,434円に対し，本件建物の価額は6,892,566円となり，本件建物の価額が著しく高額となるので，この方法も採用し難い。

そこで，原処分庁が採用した，上記③の方法により本件物件の取得価額8,500,000円から，売買実例価額を基にして推計した本件土地の取得価額を差し引いて，本件建物の取得価額を推計し，取得価額を区分した方法は，当審判所としても，他に合理的な方法は見当たらず，かつ，これを不相当とする理由も認められない。

④　当てはめ

したがって，当審判所においては，原処分関係資料を基にその当否を以下検討する。

A　本件土地の取得価額

　原処分庁が，本件土地の取得価額について，本件土地の近隣地の昭和42年6月の売買実例価額1m²当たり5,097円を基に，請求人が取得した昭和43年12月時点での地価の上昇率を加味した修正額1m²当たり6,023円に本件土地の面積826.41m²を乗じて4,977,467円と算定したことに誤りはなく，これを不相当とする理由もない。

B　本件建物の取得価額及び取得費

（A）原処分庁が，本件建物の取得価額について，本件物件の取得価額とし

た 8,500,000 円から前記 A の本件土地の取得価額 4,977,467 円を差し引いた額 3,522,533 円と算定し，同額から減価相当額を差し引いて，本件建物の取得費を算定したことは相当であるが，原処分庁は，本件建物の経過年数を事業開始の昭和 44 年 1 月から売買契約の成立した日である昭和 59 年 12 月 28 日まで 16 年間と認定し，その間，本件建物を事業の用に供したとして減価相当額を誤って算定している。

（B）当審判所の調査したところによれば，請求人は，昭和 56 年 3 月ころに旅館業を廃業しており，本件建物は，それ以後譲受人が取り壊した昭和 60 年 1 月 14 日までの期間は事業の用に供されていないことが認められる。

したがって，本件建物の減価相当額の算定は，事業の用にされていた期間とそれ以外の期間に区分して，事業の用に供されていた期間は，所得税法 38 条《譲渡所得の金額の計算上控除する取得費》2 項 1 号及び同法施行令 132 条《年の中途で業務の用に供した減価償却資産等の償却費の特例》1 項 2 号イの規定に，それ以外の期間については，所得税法 38 条 2 項 2 号及び同法施行令 85 条《非事業用資産の減価の額の計算》の規定に従って算定すべきである。

（C） 減価相当額及び本件建物の取得費は，次のとおりとなる。

a 減価相当額

減価相当額は，次の（a）及び（b）の期間ごとに算定した額の合計額 2,605,170 円となる。

（a） 事業の用に供した期間

昭和 44 年 1 月から昭和 56 年 3 月までの 12 年 3 か月

〈算 式〉

(イ) 3,522,533 円×90 ％×償却率 0.055 ％＝174,365 円（年間償却費）

(ロ) 174,365×12 年＝2,092,380 円（12 年相当額）

(ハ) 174,365÷12 か月×3 か月＝43,590 円（3 か月相当額）

(ニ) (ロ)＋(ハ)＝2,135,970 円（12 年 3 か月相当額）

（b）（a）以外の期間

　　　　昭和56年4月から昭和60年1月までの4年（6か月以上は1年

　　として計算した）

　　　〈算　式〉

　　　　3,522,533円×90％×償却率0.037％×4年＝469,200円

　　（注）償却率は（a）で適用した耐用年数18年の1.5倍の27年に対応す

　　　る償却率を適用した。

　b　本件建物の取得費

　　本件建物の取得費は，取得価額3,522,533円から上記aの減価相当

　額2,605,170円を減算した額917,363円となる。

　したがって，本件物件の取得費は，前記Aの本件土地の取得費4,977,467円及び前記Bの本件建物の取得費917,363円の合計額5,894,830円となる。

〈ポイント〉

　本件の主な争点は，納税者が不動産を取得した際，土地のみであったか，建物も存在したかという点である。

　納税者は，建物の保存登記が昭和43年7月20日にされているのに対し，取引が成立したのは昭和42年12月頃であり，取引時に建物は未完成のものであったため取得価額は本件土地のみの価額であると主張した。

　一方の課税庁は，建物は①昭和43年7月20日に所有権の保存登記がされていること，②昭和44年1月1日現在で固定資産税評価額が付されていること，③昭和44年頃から昭和56年頃までの間に納税者が事業の用に供していたこと等の事情から判断して，取引金額の中には建物の取得価額が含まれていると主張した。

　裁決においては，本件土地は昭和43年12月23日に取得されたと認められるが，本件建物は昭和43年7月20日に所有権保存登記がされており，昭和43

年7月には既に完成していたものとした。そして，取得価額のあん分について
は，原処分庁が採用した取得価額総額から，近隣の売買実例価額を基にして推
計した土地の取得価額を差し引いて，建物の取得価額を推計する方法によるこ
とが，他に合理的な方法は見当たらず，かつ，これを不相当とする理由も認め
られないと判断している。

4 取得価額が不明な場合

1 取得価額が不明な場合の再算定方法

建物と土地を一括譲渡した場合で，土地と建物のいずれの取得価額も不明である場合の取得費を算定する方法には，①措置法31条の4（長期譲渡所得の概算取得費控除）を適用する方法，②土地の取得価額を土地の取得時の売買実例から算定し，建物の取得価額は譲渡価額の総額から土地の譲渡時の売買実例価格を差し引いて算出された建物の譲渡価額から減価償却費を控除する方法，③土地と建物の固定資産税評価額を基に算定する方法及び④建物の取得価額を着工建築物構造別単価（以下「建築物単価」という）から算定し，土地については市街地価格指数を基に算定する方法などが考えられる。

2 概算取得費による場合

土地及び建物を一括で購入したものの，売買契約書や建築請負契約書といった取得時の資料を紛失しており土地及び建物の購入額が全く分からない場合は，概算計算によることができる（措法31の4①，措通31の4-1）。

概算取得費による計算方法は，下記のとおりである。

〈算式〉

土地及び建物の取得費 ＝ 譲渡価額 × 5％

土地の購入代金：不明

建物の購入代金：不明

土地及び建物の収入金額：4,000万円

$$土地・建物の取得費 ＝ \overset{\text{土地及び建物の収入金額}}{4,000万円} × 5％ ＝ 200万円$$

第4章 土地と建物の取得費をめぐる裁判例・裁決例　　*153*

3 土地について市街地価格指数により推計された事例

　前述のとおり，建物と土地を一括譲渡した場合でいずれの取得価額も不明である場合の取得費を算定するためには，建物の取得価額を建物の標準的な建築価額から算定し，土地については市街地価格指数を基に算定する方法が考えられる。

　土地と建物を一括して譲渡した場合において，建物の取得価額を建物の標準的な建築価額から算定し，土地については市街地価格指数を基に算定する方法によることが相当とされた事例として平成 12 年 11 月 16 日裁決〔裁決事例集 60 巻 208 頁〕がある。

【平成 12 年 11 月 16 日裁決】

> 　平成 12 年 11 月 16 日裁決〔裁決事例集 60 巻 208 頁〕は，土地・建物を一括して譲渡した場合において，納税者からその取得に要した費用を明確にする資料の提出はなく，また，課税庁の調査によっても実際に要した費用を明らかにできない場合においては，合理的な算定方法によらざるを得ないとして，①先ず建物の取得費を建設物価調査会が公表している着工建築物構造単価から算定し，②次いで土地の取得費は，譲渡価額の総額から建物の取得費を控除し，土地の譲渡価額を算定した上で，譲渡時に対する取得時の市街地価格指数（住宅地）の割合を乗じて取得費を算定した事例である。

（1）　事案の経緯

① 　請求人は，平成 9 年 8 月 7 日，買主に 695.57m² の宅地（以下「本件宅地」という）及びその宅地上に存する木造瓦葺 2 階建 291.30m² の建物（以下「本件建物」といい，本件宅地とあわせて「本件物件」という）を総額 31,500,000 円で譲渡した。

② 　当該譲渡に係る不動産売買契約書には，物件ごとの金額は記載されていなかった。

③ 　本件宅地は，昭和 59 年 3 月 13 日に売買を原因として，同年 5 月 25 日に本登記及び移転登記がされている。

④　本件建物は，固定資産税の「土地家屋名寄帳兼賦課簿」によると，大正6年に建築された延面積160.38m²の建物（以下「本件旧建物」という）と昭和55年に建築された延面積109.83m²の建物（以下「本件新建物」という）からなっている。

⑤　請求人は，医療法人の役員であるが，平成9年分の所得税について本件物件の取得価額を32,636,379円として法定申告期限までに申告した。

⑥　原処分庁は，これに対して，平成11年6月7日付で更正処分及び過少申告加算税の賦課決定処分をした。

（2）　請求人の主張

本件物件の取得費は，次のとおり，本件建物の増改築費7,849,286円から譲渡時までの減価償却費相当額5,212,907円を控除した2,636,379円と本件宅地の取得価額30,000,000円の合計金額32,636,379円となる。

A　本件建物の取得価額

本件建物は，大正6年に建築され増改築しなければ使用できないほど老朽化した本件旧建物と昭和55年に建築されたものとはいえないほど傷みがひどい状態にあった本件新建物からなっており，いずれもほとんど価値は認められない。

しかし，本件旧建物は，請求人が昭和59年6月に診療所を開設するためその一部を増改築しており，それに要した費用は7,849,286円である。

B　本件土地の取得価額

請求人は，本件物件を昭和59年3月に総額30,000,000円で取得したが，当該金額は，次により，全て本件宅地に係るものである。

（A）本件建物は，上記Aのとおり，ほとんど価値は認められない。

（B）本件宅地の取得価額が30,000,000円であることについては，当該宅地の所有権の移転の仮登記日である昭和59年3月13日に手付金として8,000,000円及び本登記日である同年5月24日に残金として22,000,000

第4章　土地と建物の取得費をめぐる裁判例・裁決例　*155*

円を本件預金からそれぞれ出金していることから明らかである。

C　以上のことから，本件物件の取得費は，本件建物の増改築費 7,849,286 円から譲渡時までの減価償却費相当額 5,212,907 円を控除した 2,636,379 円と本件宅地の取得価額 30,000,000 円の合計金額 32,636,379 円となる。

（3）　原処分庁の主張

　本件物件の取得費については，請求人からその取得に要した費用を明確にする資料の提出はなく，また，原処分の調査によっても実際に要した費用を明らかにできなかったことから，合理的な算定方法によらざるを得ない。

　ところで，土地と建物を一括して譲渡し，そのいずれの取得価額も不明である場合の土地・建物の取得費を算定する方法には，①措置法 31 条の 4（長期譲渡所得の概算取得費控除）を適用する方法，②土地の取得価額は土地の取得時の売買実例から算定し，建物の取得価額は譲渡価額の総額から土地の譲渡時の売買実例価格を差し引いて算出された建物の譲渡価額から減価償却費を控除する方法，③土地と建物の固定資産税評価額を基に算定する方法及び④建物の取得価額を着工建築物構造別単価（以下「建築物単価」という）から算定し，土地については市街地価格指数を基に算定する方法などが考えられる。

　しかし，①の方法によれば，本件物件の取得費が一定率で計算され実額等が全く反映されないこと，②の方法によれば，土地の譲渡及び取得に係る売買実例がなく世情を反映した確実な指標とする合理的理由が見当たらないこと，③の方法によれば，画一的で個別事情が反映されず，実勢価額が形成されないことが考えられるなど，これらの方法を用いて算定することには合理的理由が見当たらない。

　そこで，④の方法によれば，取得費の算定の基になる建築物単価が建設物価調査会（以下「調査会」という）が公表した統計的な数値であることから，市場価格を反映したより近似値の取得費が計算できることになり，合理的であるといえる。

　したがって，④の方法により，本件物件の取得費を計算すると，次のとおり，本件宅地の取得費 19,364,194 円及び本件新建物の取得費 6,279,624 円の合計金額

25,643,818円となる。

A 本件建物

（A） 本件新建物の取得価額及び取得費

　本件新建物は，昭和55年に建築されたものであり，請求人が取得した同59年には築後4年を経過したのみで，通常の損傷を客観的に判断する必要はあるものの一般的に建物の価値は現存する。

　そうすると，本件新建物の取得費は，調査会が公表している昭和55年のP県の1m²当たりの建築物単価（木造）96,200円に当該建物の床面積109.83m²及び着工建築物工事費補正率0.983を乗じて算定した金額10,386,030円から，所得税法施行令（減価償却資産の耐用年数，償却費及び残存価額）の規定するところにより計算した減価償却費相当額4,106,406円を控除した6,279,624円となる。

（B） 本件旧建物の取得価額及び取得費

　本件旧建物は，請求人が昭和59年に取得した時点においては，損傷がはなはだしく，さらに法定耐用年数を経過しており価値はない。

　なお，請求人は，昭和59年に本件旧建物を増改築したので，その費用を取得費とすべきである旨主張するが，次のとおり，増改築したとの主張は認められない。

　　a　本件建物は，昭和57年10月16日に年月日不詳新築として保存登記された以後増改築の登記が行われていない。

　　b　請求人が本件旧建物の増改築に要した費用を証するものとして提出した本件書簡は，請求人から依頼を受けた弁護士との間に交わされたものに過ぎず，また，本件書簡には直接証拠となるような添付書類もないことから，本件旧建物の改築費用を直接証明するものとはいえない。

　　c　また，請求人は，本件旧建物の増改築の事実を証するものとして，①K（工務店）が内装・改築工事を請負い施行した旨を証明する書類があ

第4章　土地と建物の取得費をめぐる裁判例・裁決例　　*157*

ること，②本件 G 診療所開設届と本件旧 G 診療所開設届に添付された
平面図の写しを比較すると，その内容が異なっていること及び③ G 診療
所の開設に立ち会った職員が増改築の事実を確認していることを主張す
るが，これらのことは原処分の調査の際に請求人が立証していなかった
ことから，その適否について確認することはできない。

B　本件宅地の取得価額

（A）本件宅地の取得費は，本件物件の譲渡価額 31,500,000 円から上記 A の
　　（A）の本件新建物の取得費 6,279,624 円を控除した 25,220,376 円に，当
　　該宅地の譲渡時の平成 9 年 9 月の六大都市を除く市街地価格指数（住宅
　　地）6,826 に対する取得時の昭和 59 年 3 月の当該価格指数 5,241 の割合
　　を乗じて計算した 19,364,194 円になる。

（B）これに対し，請求人は，本件総物件の取得に要した費用は 30,000,000
　　円であると主張するが，上記取得に要したとする 30,000,000 円の費用に
　　ついては，そのことを明らかにする資料を提出しなかったので，その金
　　額を確認することができない。

C　　以上のことから，本件物件の取得費は，本件宅地の取得費 19,364,194 円と
本件新建物の取得費 6,279,624 円の合計金額 25,643,818 円となる。

（4）　判断

①　認定事実

　請求人提出資料，原処分関係資料及び当審判所の調査によれば，次の事実が認め
られる。

（ⅰ）本件宅地は，昭和 59 年 3 月 13 日に売買を原因として，同年 5 月 25 日に本登
　　記及び移転登記がされている。

（ⅱ）本件建物は，登記原因を年月日不詳新築として，昭和 57 年 10 月 16 日に保存
　　登記されて以後現在まで増改築した旨の登記の事実はない。

（ⅲ）請求人は，当審判所に対して，本件宅地の取得費が30,000,000円であること並びに本件旧建物の増改築の事実及びその費用が7,849,286円であることを証するものとして，次の資料を提出している。

A　Kが自書署名している平成12年1月31日付の標題のない書面には，K工務店がG診療所の内装・改築工事を請負い施行した旨の記載がある。

B　本件G診療所開設届には，請求人が昭和59年6月1日に本件建物のうちの木造瓦葺1階建の延面積54.72m²をG診療所として開設する旨記載がある。また，本件G診療所開設届と本件旧G診療所開設届に添付されたそれぞれの平面図の写しによると，間取りが変更されている。

C　本件書簡の写しには，G診療所の土地，建物及び医療機材等の売却予定価格として，建物修理，空調設備800万の記載がある。

D　本件預金の元帳の写しによれば，昭和59年3月13日に8,000,000円及び同年5月24日に22,000,000円の出金があり，さらに昭和59年5月30日に3,872,900円及び同年6月8日に3,976,386円の出金がある。なお，いずれの金額もその支払先の記載はない。

（ⅳ）請求人は，当審判所に対し，要旨次のとおり答述した。

A　本件物件を購入した際に作成した不動産売買契約書の保存はない。

B　請求人が提出した所有権移転仮登記済証の写しに，本件宅地の課税価格が1,562,945円，本件建物の課税価格が4,910,545円と記載しているのは，固定資産税の課税価格である。

C　本件建物のうち，本件新建物は従事員の居宅として使用し，また，本件旧建物はその一部をG診療所として利用していた。

D　G診療所は，床はPタイル，天井壁面はクロス張，柱は合板張りにし，それに，トイレ及び食堂を新設した。このほかに，20m²ほどのレントゲン室を増築した。

E　G診療所は，昭和59年6月に開設した。

（ⅴ）Kは，当審判所に対し，標題が売上帳となっている金銭出納帳（以下「本件金銭出納帳」という）を提出した。本件金銭出納帳には，「G診療所ヨリ」として昭和59年7月19日に3,999,400円及び同年8月27日に583,030円の入金の記載が

ある。

（ⅵ）Ｋは，当審判所に対し，要旨次のとおり答述した。

　Ａ　前記（ⅲ）のＡの標題のない書面については，その内容に間違いがないことを確認の上，自書署名した。

　Ｂ　Ｇ診療所の内装・改築工事の内容は，概ね，次のとおりであった。

　　（Ａ）診療所の床はＰタイルに張り替え，天井壁面はクロス張りにし，その他の間仕切り工事による内部のレイアウトの変更等をした。なお，レントゲン室については改装等はしておらず，また，増築した記憶もない。

　　（Ｂ）本件旧建物のうちＧ診療所以外の建物部分については，看護婦が利用する食堂の改装，縁側サッシの取替え及び天井板の張り替えをした。

　Ｃ　上記Ｂの（Ａ）及び（Ｂ）の改築に係る工事代金は，前記（ⅴ）の本件金銭出納帳に記載したとおりで，これは過去から日々の取引を記載していたもののうち，昭和59年7月19日の3,999,400円と同年8月27日の583,030円の合計4,582,430円である。

②　本件物件の取得費について

　本件物件の取得費の算定に当たっては，本件建物のうち改築として明らかにその額が認定できるものについてはそれによることとする。

　しかしながら，取得時期は判明しているが取得価額を直接証する契約書等の資料（請求人提出の資料で採用できないものも含む）の提出がなく，その額が不明なものについては，その費用を実額により算定することができないから，その部分については，推計の方法によって算定せざるを得ない。

　そして，このような場合の土地・建物の取得費については，原処分庁主張のとおり，各種の計算方法が考えられるところ，原処分庁が採用した計算方法は，本件新建物の取得費については，調査会が公表している統計的な数値である建築物単価を基に建築価格を算定し，その価額から譲渡時までの減価償却費相当額を控除しているものであり，実勢価額の近似値と認められる時価相当額を推定していること，また，本件宅地の取得費については，本件物件の譲渡価額の総額から実勢価額の近似値と認められる当該建物の取得費を差し引いた額に，財団法人日本不動産研究所が調査し公表している六大都市を除く市街地価格指数（住宅地）の譲渡時に対する取

得時の当該価格指数の割合を乗じて時価相当額を推定していることから，いずれも合理性があり，当審判所においても，これを不相当とする理由は認められない。

A　本件旧建物に係る改築部分の取得費の額

　請求人は，昭和59年6月の増改築に係る取得費について7,849,286円であると主張するが，いずれも，①支払先の記載がないこと及び②本件書簡に記載されている800万円は売却予定価格を示したのであることから採用できない。

　しかしながら，当審判所の調査において，Kから提出された本件金銭出納帳は同人が過去から日々の取引を継続的に記帳したものであることから，この金銭出納帳の記載事項については信ぴょう性が認められるし，当審判所に対する同人の答述も具体性があり，その内容は十分信用することができる。

　したがって，昭和59年6月に改築した取得費は，4,582,430円となる。本件旧建物について，昭和57年10月16日に保存登記された以降，増改築した旨の登記がないことも，以上の認定を何ら左右するものではない。

　そうすると，改築部分の取得費は，改築の金額4,582,430円から残存価額（458,243円）を差し引いた4,124,187円に，病院用木造建物の耐用年数18年の定額法による償却率0.055及び経過年数12分の158か月（昭和59年6月から平成9年8月までの期間）を乗じて計算した減価償却費2,986,598円を控除した金額1,595,832円となる。

　なお，本件旧建物は，大正6年に建築されたものであり，請求人及び原処分庁双方において価値がないことについて争いはなく，当審判所においても同様と認められる。

B　原処分庁主張④の方法によって算定した取得費の額
（A）　本件新建物の取得費の額

　本件新建物の取得費の算定方法について，当審判所の調査によっても，その計算過程及びその結果の金額が相当であると認められるから，その金額は6,279,624円となる。

なお，請求人は，昭和55年に建築された建物とはいえないほど傷みがひどい状態にあり，ほとんど価値がない旨主張するが，譲渡時においては，築後4年を経過したに過ぎず，建物の損傷はさほど認められないことから，上記の金額によることが適当と考えられる。

（B）　本件宅地の取得費の額

　本件宅地の取得費については，実額で算定することができないので，取得時の時価相当額を推計することとなるが，原処分庁は，これについて，本件物件の譲渡価額から本件新建物の取得費のみを控除した金額を基に，当該宅地の譲渡時と取得時の価格指数の割合を乗じて算定している。

　しかしながら，本件宅地の取得費は，本件物件の譲渡価額31,500,000円から，前記Aの改築部分の取得費1,595,832円と上記（A）の本件新建物の取得費6,279,624円の合計7,875,456円を控除するのが相当であり，その残額23,624,544円を宅地の譲渡価額として，この金額に六大都市を除く市街地価格指数（住宅地）の割合6,826（譲渡時）分の5,241（取得時）を乗じると18,138,915円となる。

　なお，請求人は，当該物件の取得費は30,000,000円である旨主張するが，そのことを明らかにする資料の提出がなく，その支払先も不明であるうえ，当審判所の調査によっても本件農地が無価値であるとは認められないから，請求人の当該主張は採用することができず，当審判所においては上記の金額によることが妥当と考えられる。

C　本件物件の取得費の額

　以上のことから，本件物件の取得費の額は，前記Aの1,595,832円及び上記Bの（A）及び（B）の6,279,624円と18,138,915円の合計額26,014,371円となる。

〈ポイント〉

　本裁決事例は，市街地価格指数による推計についてのメルクマールとなっている事例である。

　本訴においては，納税者は，昭和59年に取得した土地及び建物を，平成9年に総額31,500,000円で譲渡した。建物については，(イ)大正6年に建築された旧建物と(ロ)昭和55年に建築された新建物の2つがある。

　(イ)旧建物は，診療所として開設するために4,582,430円をかけて改築されているため，それが建築費相当額となり，減価償却費2,986,598円を控除して旧建物の取得費1,595,832円を算出した。

　また，(ロ)新建物の建築費相当額は不明であることから，一般財団法人建設物価調査会が公表している建築物単価1m² 当たり96,200円を用いて算定した建築費相当額10,386,030円から，減価償却費4,106,406円を控除して新建物の取得費6,279,624円を算出した。

　そして，土地建物の譲渡価額31,500,000円から本件建物の取得費7,875,456円（旧建物の取得費1,595,832円と新建物の取得費6,279,624円の合計）を控除して，その残額23,624,544円を土地にかかる譲渡価額とした。

　最後に，土地の取得費について，譲渡価額23,624,544円に六大都市を除く市街地価格指数の割合6,826（譲渡時）分の5,241（取得時）を乗じて18,138,915円を算出している。

　つまり，土地建物の譲渡価額31,500,000円のうち，土地部分を23,624,544円で譲渡することとなり，その取得費については，概算取得費であれば昭和59年に1,181,227円（23,624,544円×5％）で取得したことになるが，推定により18,138,915円で取得したとするものである。

(1)　建物の取得費相当額

　①　建物の標準的な建築価額を用いて，建築費相当額を算出する[5]。

――――――――――――

(5)　国税庁『令和5年分　譲渡所得の申告のしかた』34〜35頁参照

第4章　土地と建物の取得費をめぐる裁判例・裁決例　　*163*

〈算式〉

建物の標準的な建築価額表×床面積＝建築費相当額

② ①の建築費相当額－建築費相当額に基づく定額法の経過年数に応ずる減
価償却費＝建物の取得費

(2) 土地の取得額相当額

一括譲渡対価の額－(1)の建物の取得費＝土地譲渡対価相当額

〈算式〉

土地譲渡対価相当額 × $\dfrac{取得年の土地市街地価格指数}{譲渡年の土地市街地価格指数}$ ＝ 土地の取得費相当額

第 **5** 章

【地域別】市街地価格指数による
取得費の推定

1 概要

市街地価格指数は，平成 22（2010）年 3 月末を 100 として，市街地の宅地価格の推移をあらわす指標である。

昭和 11 年 9 月の旧日本勧業銀行調査が始まりとなる。第 2 次世界大戦以前は年 1 回の調査であったが，昭和 23（1948）年以降は 3 月末と 9 月末の年 2 回の調査となり，昭和 34（1959）年 3 月以降は日本不動産研究所が取りまとめている。

2 調査対象都市

調査対象都市は，主要 198 都市（2022 年 9 月現在）である。調査対象都市は市町村合併等により変更されることがある。

調査地点は次の方法で選定している。

(1) 調査対象都市の市街地を実際の利用形態に従って商業地域・住宅地域・工業地域の 3 つの地域に分類

(2) 各地域を社会的環境・同一需給圏内の地位・繁華性の程度等それぞれの地域要因にしたがって上・中・下の 3 つの品等に区分

(3) 各品等の地域ごとに，その中位に位置する標準的・代表的な宅地を調査地点として選定

このほか最高価格地を 1 地点調査しており，調査地点数は原則として 1 都市 10 地点である。

なお，調査対象都市は，公表されていない。六大都市（＝東京区部，横浜市，名古屋市，京都市，大阪市，神戸市），三大都市圏を除く政令指定都市，県庁所在都市については，全て調査対象都市となっている。

3 指数の作成

宅地価格の評価は，不動産鑑定評価の手法に基づき更地としての評価を行い，調査時点における調査地点の ㎡ 当たりの価格を求める。

指数の作成は，各用途の前期比の平均変動率を前期の指数に乗じて，今期の指数を計算する。端数処理の関係で，指数と前期比，前年同期比が一致しないことがある。

4　用途区分

　市街地価格指数においては，地域の土地利用の実態に応じて商業地・住宅地・工業地の3つに分類し，各分類ごとに設定した調査地点の価格を指数化している。

　これは，必ずしも都市計画法上の用途地域や相続税路線価の用途地区と一致するものではない。

5　統計表の分類編成

表1　　全国（全国198都市の平均指数）

表2　　六大都市（東京区部，横浜，名古屋，京都，大阪，神戸の六大都市の平均指数）

表3　　六大都市を除く（上記六大都市を除く全国192都市の平均指数）

地方別市街地価格指数

表4（1）　北海道地方（北海道　8都市）

表4（2）　東北地方（青森県，岩手県，宮城県，秋田県，山形県，福島県　19都市）

表4（3）　関東地方（茨城県，栃木県，群馬県，埼玉県，千葉県，東京都，神奈川県，山梨県　46都市）

表4（4）　北陸地方（新潟県，富山県，石川県，福井県　12都市）

表4（5）　中部・東海地方（長野県，静岡県，愛知県，岐阜県，三重県　30都市）

表4（6）　近畿地方（滋賀県，京都府，奈良県，和歌山県，大阪府，兵庫県　31都市）

表4（7）　中国地方（鳥取県，島根県，岡山県，広島県，山口県　17都市）

表4（8）　四国地方（徳島県，香川県，愛媛県，高知県　9都市）

表4（9）　九州・沖縄地方（福岡県，佐賀県，長崎県，熊本県，大分県，宮崎県，鹿児島県，沖縄県　26都市）

三大都市圏別市街地価格指数

表5（1）　東京圏（首都圏整備法の既成市街地及び近郊整備地帯の全域31都市・東京区部）

　表5（1）a　東京区部

第5章　市街地価格指数による取得費の推定　　*167*

表5（1）b　東京都下（6都市）

表5（1）c　神奈川県（10都市）

表5（1）d　埼玉県（7都市）

表5（1）e　千葉県（8都市）

表5（2）　大阪圏（近畿圏整備法の既成都市区域及び近郊整備区域の全域　23都市）

表5（2）a　大阪府（13都市）

表5（2）b　大阪府を除く（10都市）

表5（3）　名古屋圏（中部圏開発整備法の都市整備区域の全域　11都市）

表6　三大都市圏を除く政令指定都市

　　　（札幌，仙台，新潟，静岡，浜松，岡山，広島，北九州，福岡，熊本　10都市）

表7　三大都市圏及び政令指定都市を除く県庁所在都市（30都市）

表8　戦前基準全国，戦前基準六大都市

（※）リンク係数

　戦前基準市街地価格指数と2010（平成22）年3月末を100とする市街地価格指数との接続式は，次のとおりである。

戦前基準指数×リンク係数＝2010（平成22）年3月末を100とする指数

　譲渡資産が存する都市と各指数の分類編成との対応は，次頁からの表の○のとおりである。

　なお，どの指数を採用するかについては明確な取扱いがあるわけではないため，個別に判断が必要となることに留意されたい。

【譲渡資産の存する都市と適用できる指数の種類】

都道府県名／指数の分類	全国平均	六大都市	六大都市を除く	地方別 北海道	地方別 東北	地方別 関東	地方別 北陸	地方別 中部・東海	地方別 近畿	地方別 中国	地方別 四国	地方別 九州・沖縄	三大都市圏 東京圏 東京圏	三大都市圏 東京圏 東京区部	三大都市圏 東京圏 東京都下	三大都市圏 東京圏 神奈川県	三大都市圏 東京圏 埼玉県	三大都市圏 東京圏 千葉県	三大都市圏 大阪圏 大阪圏	三大都市圏 大阪圏 大阪府	三大都市圏 大阪圏 大阪府を除く	三大都市圏 名古屋圏	三大都市圏以外政令指定都市	三大都市圏及び政令指定都市を除く県庁所在地
北海道 札幌市	○		○	○																			○	
北海道 札幌市以外	○		○	○																				
青森県 青森市	○		○		○																			○
青森県 青森市以外	○		○		○																			
岩手県 盛岡市	○		○		○																			○
岩手県 盛岡市以外	○		○		○																			
宮城県 仙台市	○		○		○																		○	
宮城県 仙台市以外	○		○		○																			
秋田県 秋田市	○		○		○																			○
秋田県 秋田市以外	○		○		○																			
山形県 山形市	○		○		○																			○
山形県 山形市以外	○		○		○																			
福島県 福島市	○		○		○																			○
福島県 福島市以外	○		○		○																			

都道府県名 上段：主要都市，県庁所在地，政令指定都市 下段：それ以外

第5章　市街地価格指数による取得費の推定　169

指数の分類	茨城県 水戸市	茨城県 水戸市以外	栃木県 宇都宮市	栃木県 宇都宮市以外	群馬県 前橋市	群馬県 前橋市以外	埼玉県	千葉県	東京都 23区	東京都 23区外	神奈川県 横浜市	神奈川県 横浜市以外	山梨県 甲府市	山梨県 甲府市以外
三大都市圏及び政令指定都市を除く県庁所在地	○		○		○								○	
三大都市圏以外政令指定都市														
三大都市圏 名古屋圏														
三大都市圏 大阪圏 大阪府を除く														
三大都市圏 大阪圏 大阪圏														
三大都市圏 東京圏 千葉県								○						
三大都市圏 東京圏 埼玉県							○							
三大都市圏 東京圏 神奈川県											○	○		
三大都市圏 東京圏 東京都下										○				
三大都市圏 東京圏 東京区部									○					
三大都市圏 東京圏 東京圏		△				△		△	○	△	○	△		
地方別 九州・沖縄														
地方別 四国														
地方別 中国														
地方別 近畿														
地方別 中部・東海														
地方別 北陸														
地方別 関東	○	○	○	○	○	○	○	○	○	○	○	○	○	○
地方別 東北														
地方別 北海道														
六大都市を除く	○	○	○	○	○	○	○	○		○		○	○	○
六大都市									○		○			
全国平均	○	○	○	○	○	○	○	○	○	○	○	○	○	○

都道府県名
上段：主要都市、県庁所在地、政令指定都市
下段：それ以外

新潟県		富山県		石川県		福井県		長野県		岐阜県		静岡県			愛知県		三重県	
新潟市	新潟市以外	富山市	富山市以外	金沢市	金沢市以外	福井市	福井市以外	長野市	長野市以外	岐阜市	岐阜市以外	静岡市	浜松市	静岡市・浜松市以外	名古屋市	名古屋市以外	津市	津市以外
		○		○		○		○		○							○	
○												○	○					
															○	△		△
							○	○	○	○	○	○	○	○	○	○	○	○
○	○	○	○	○	○	○	○											
○	○	○	○	○	○	○	○	○	○	○	○	○	○	○		○	○	○
															○			
○	○	○	○	○	○	○	○	○	○	○	○	○	○	○	○	○	○	○

指数の分類	大津市	大津市以外	京都市	京都市以外	大阪市	大阪市以外	神戸市	神戸市以外	奈良市	奈良市以外	和歌山市	和歌山市以外	鳥取市	鳥取市以外
都道府県名	滋賀県	滋賀県	京都府	京都府	大阪府	大阪府	兵庫県	兵庫県	奈良県	奈良県	和歌山県	和歌山県	鳥取県	鳥取県
三大都市圏及び政令指定都市を除く県庁所在地	○								○		○		○	
三大都市圏以外政令指定都市														
三大都市圏 名古屋圏														
三大都市圏 大阪圏 大阪府を除く			○	△			○	△						
三大都市圏 大阪圏 大阪府					○	○								
三大都市圏 大阪圏 大阪圏			○	△	○	△	○	△	○	△				
三大都市圏 東京圏 千葉県														
三大都市圏 東京圏 埼玉県														
三大都市圏 東京圏 神奈川県														
三大都市圏 東京圏 東京都下														
三大都市圏 東京圏 東京区部														
三大都市圏 東京圏 東京圏														
地方別 九州・沖縄														
地方別 四国														
地方別 中国													○	○
地方別 近畿	○	○	○	○	○	○	○	○	○	○	○	○		
地方別 中部・東海														
地方別 北陸														
地方別 関東														
地方別 東北														
地方別 北海道														
六大都市を除く	○	○		○		○		○	○	○	○	○	○	○
六大都市			○		○		○							
全国平均	○	○	○	○	○	○	○	○	○	○	○	○	○	○

都道府県名
上段：主要都市、県庁所在地、政令指定都市
下段：それ以外

島根県		岡山県		広島県		山口県		徳島県		香川県		愛媛県		高知県		福岡県			佐賀県	
松江市	松江市以外	岡山市	岡山市以外	広島市	広島市以外	山口市	山口市以外	徳島市	徳島市以外	高松市	高松市以外	松山市	松山市以外	高知市	高知市以外	北九州市	福岡市	北九州市・福岡市以外	佐賀市	佐賀市以外
○						○		○		○		○		○					○	
		○		○												○	○			
																○	○	○	○	○
								○	○	○	○	○	○	○	○					
	○	○	○	○	○	○	○													
	○	○	○	○	○	○	○	○	○	○	○	○	○	○	○	○	○	○	○	○
○	○	○	○	○	○	○	○	○	○	○	○	○	○	○	○	○	○	○	○	○

都道府県名 上段：主要都市、県庁所在地、政令指定都市 下段：それ以外	指数の分類	全国平均	六大都市	六大都市を除く	地方別									三大都市圏 東京圏						三大都市圏 大阪圏		三大都市圏 名古屋圏	三大都市圏以外の政令指定都市	三大都市圏及び政令指定都市を除く県庁所在地市
					九州・沖縄	四国	中国	近畿	中部・東海	北陸	関東	東北	北海道	東京圏	東京区部	東京都下	神奈川県	埼玉県	千葉県	大阪圏	大阪府を除く	名古屋圏		
長崎県	長崎市	○		○	○																			○
	長崎市以外	○		○	○																			
熊本県	熊本市	○		○	○																		○	
	熊本市以外	○		○	○																			
大分県	大分市	○		○	○																			○
	大分市以外	○		○	○																			
宮崎県	宮崎市	○		○	○																			○
	宮崎市以外	○		○	○																			
鹿児島県	鹿児島市	○		○	○																			○
	鹿児島市以外	○		○	○																			
沖縄県	那覇市	○		○	○																			○
	那覇市以外	○		○	○																			

（※）　三大都市圏のうち「○」は、譲渡資産の所在する市区町村が、首都圏整備法の既成市街地及び近郊整備地帯又は近畿圏整備法の既成都市区域及び近郊整備区域、中部圏開発整備法の都市整備区域に該当するか否かによる。

なお、首都圏整備法の既成市街地及び近郊整備地帯は、以下の市町村をいう（平成28年4月1日現在）。

(1) 既成市街地 [1特別区5市]

東京都：特別区、武蔵野市、三鷹市

埼玉県：川口市

神奈川県：横浜市、川崎市

(2) 近郊整備地帯 [111市28町]

東京都：八王子市、立川市、三鷹市、青梅市、府中市、昭島市、調布市、町田市、小金井市、小平市、日野市、東村山市、国分寺市、国立市、西東京市、瑞穂町、あきる野市、日の出町

埼玉県：さいたま市、川越市、川口市、行田市、所沢市、飯能市、加須市、東松山市、春日部市、狭山市、羽生市、鴻巣市、上尾市、草加市、越谷市、蕨市、戸田市、入間市、朝霞市、志木市、和光市、新座市、桶川市、久喜市、北本市、八潮市、富士見市、三郷市、蓮田市、坂戸市、幸手市、鶴ヶ島市、日高市、吉川市、ふじみ野市、白岡市、伊奈町、三芳町、毛呂山町、越生町、滑川町、嵐山町、川島町、吉見町、鳩山町、杉戸町、松伏町

千葉県：千葉市、市川市、船橋市、木更津市、松戸市、野田市、成田市、佐倉市、習志野市、柏市、市原市、流山市、八千代市、我孫子市、鎌ヶ谷市、君津市、富津市、浦安市、四街道市、袖ヶ浦市、印西市、白井市、富里市、酒々井町、栄町

神奈川県：横須賀市、平塚市、鎌倉市、藤沢市、小田原市、茅ヶ崎市、逗子市、三浦市、秦野市、厚木市、大和市、伊勢原市、海老名市、座間市、南足柄市、綾瀬市、葉山町、寒川町、二宮町、中井町、大井町、松田町、開成町、愛川町

茨城県：龍ケ崎市、常総市、取手市、守谷市、牛久市、つくばみらい市、坂東市、五霞町、境町、利根町

近畿圏整備法の既成都市区域及び近郊整備区域は、以下の市町村をいう（平成28年4月1日現在）。

(1) 既成都市区域 [9市]

京都府：京都市

大阪府：大阪市、堺市、守口市、東大阪市

兵庫県：神戸市、尼崎市、西宮市、芦屋市

(2) 近郊整備区域 [62市29町2村]

京都府：宇治市、亀岡市、城陽市、向日市、長岡京市、八幡市、京田辺市、南丹市、木津川市、大山崎町、久御山町、井手町、精華町

大阪府：堺市、岸和田市、豊中市、池田市、吹田市、泉大津市、高槻市、貝塚市、守口市、枚方市、茨木市、八尾市、泉佐野市、富田林市、寝屋川市、河内長野市、松原市、和泉市、箕面市、柏原市、羽曳野市、門真市、摂津市、高石市、藤井寺市、東大阪市、阪南市、島本町、豊能町、能勢町、忠岡町、田尻町、岬町、太子町、河南町、千早赤阪村

兵庫県：神戸市、尼崎市、西宮市、芦屋市、伊丹市、宝塚市、川西市、三田市、猪名川町

奈良県：奈良市、大和高田市、大和郡山市、天理市、橿原市、桜井市、五條市、御所市、生駒市、香芝市、葛城市、宇陀市、平群町、三郷町、斑鳩町、安堵町、川西町、三宅町、田原本町、高取町、上牧町、王寺町、広陵町、河合町、吉野町、大淀町、下市町

中部圏開発整備法の都市整備区域は以下の市町村をいう（平成28年4月1日現在）。

(1) 都市整備区域 [36市16町1村]

愛知県：名古屋市、岡崎市、一宮市、瀬戸市、半田市、春日井市、津島市、碧南市、刈谷市、豊田市、安城市、西尾市、犬山市、常滑市、江南市、小牧市、稲沢市、東海市、大府市、知多市、知立市、尾張旭市、高浜市、岩倉市、豊明市、日進市、愛西市、清須市、北名古屋市、弥富市、みよし市、あま市、長久手市、東郷町、豊山町、大口町、扶桑町、大治町、蟹江町、阿久比町、東浦町、南知多町、美浜町、武豊町、幸田町、飛島村

三重県：四日市市、桑名市、いなべ市、木曽岬町、東員町、朝日町、川越町

全国市街地価格指数

「全国市街地価格指数」は，全国198都市の平均指数である。国内にある譲渡資産には当該指数が参考となる。

「全国市街地価格指数」は昭和30年3月から指数が掲載されており，近年までの推移は下図のとおりである。

【全国市街地価格指数】

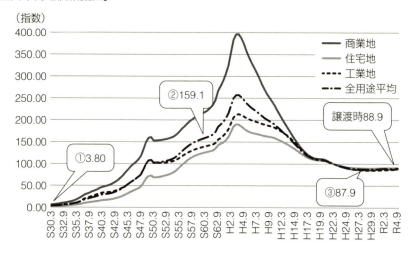

市街地価格指数の例を挙げると，例えば，令和4年に土地を5,000万円で譲渡したとする。令和4年3月末の全用途平均の指数は「88.9」である。

譲渡資産が昭和30年3月に取得したものである場合，平成22（2010）年を100とした場合の全用途平均の指数は「3.80」である。昭和30年3月に取得した土地を令和4年に譲渡したとすると，推定取得費は213万7,232円算出することができる。概算取得費によれば一律250万円（＝5,000万円×5％）となるため，ここでは概算取得費の方が高くなる。

一方，譲渡資産が地価高騰期の昭和60年3月に取得したものである場合，全用途

平均の指数は「159.1」である。昭和60年に取得した土地を令和4年に譲渡したとすると，推定取得費は8,948万2,564円と算出することができる。概算取得費によれば一律250万円ということになるが，推定取得費によれば，概算取得費を上回るだけでなく，譲渡価額をも上回ることになる。

また，譲渡資産を地価高騰期が終息した後の平成27年3月に取得したものである場合，全用途平均の指数は「87.9」である。平成27年に取得した土地を令和4年に譲渡したとすると，推定取得費は4,943万7,570円と算出することができる。概算取得費によれば一律250万円ということになるが，推定取得費は譲渡損とはならないものの，概算取得費を上回ることになる。

《設例》

　取得費：不明　　　譲渡時期：令和4年3月　　　譲渡価額：5,000万円

①　昭和30年3月取得のケース

全用途平均の例

	昭和30年3月	令和4年3月
市街地価格指数	3.80	88.9

$$推定取得費＝\frac{譲渡価額×取得した年の市街地価格指数}{譲渡した年の市街地価格指数}$$

$$＝50,000,000円×\frac{3.80}{88.9}≒2,137,232円$$

②　昭和60年3月取得のケース

全用途平均の例

	昭和60年3月	令和4年3月
市街地価格指数	159.1	88.9

第5章　市街地価格指数による取得費の推定　　*177*

$$推定取得費 = \frac{譲渡価額 \times 取得した年の市街地価格指数}{譲渡した年の市街地価格指数}$$

$$= 50,000,000\,円 \times \frac{159.1}{88.9} ≒ 89,482,564\,円$$

③ 平成27年3月取得のケース

全国市街地価格指数（全用途平均）の例

	平成27年3月	令和4年3月
市街地価格指数	87.9	88.9

$$推定取得費 = \frac{譲渡価額 \times 取得した年の市街地価格指数}{譲渡した年の市街地価格指数}$$

$$= 50,000,000\,円 \times \frac{87.9}{88.9} ≒ 49,437,570\,円$$

2 六大都市市街地価格指数

「六大都市市街地価格指数」は、東京区部、横浜、名古屋、京都、大阪、神戸の六大都市の平均指数である。したがって、譲渡資産である土地が東京23区、横浜、名古屋、京都、大阪、神戸に所在している場合には当該指数が参考となる。

「六大都市市街地価格指数」は昭和30年3月から指数が掲載されており、近年までの推移は下図のとおりである。

【六大都市市街地価格指数】

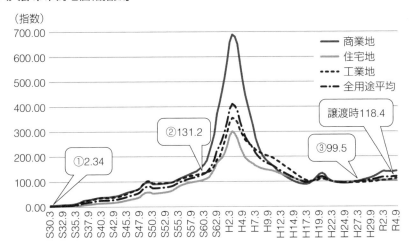

市街地価格指数の例を挙げると、例えば、令和4年に土地を5,000万円で譲渡したとする。令和4年3月末の全用途平均の指数は「118.4」である。

譲渡資産が昭和30年3月に取得したものである場合、平成22（2010）年を100とした場合の全用途平均の指数は「2.34」である。昭和30年3月に取得した土地を令和4年に譲渡したとすると、推定取得費は98万8,175円と算出することができる。概算取得費によれば一律250万円（＝5,000万円×5％）となるため、ここでは概算取得費の方が高くなる。

第5章 市街地価格指数による取得費の推定

一方，譲渡資産が地価高騰期の昭和60年3月に取得したものである場合，全用途平均の指数は「131.2」である。昭和60年に取得した土地を令和4年に譲渡したとすると，推定取得費は5,540万5,405円と算出することができる。概算取得費によれば一律250万円ということになるが，推定取得費によれば，概算取得費を上回るだけでなく，譲渡価額をも上回ることになる。

また，譲渡資産を地価高騰期が終息した後の平成27年3月に取得したものである場合，全用途平均の指数は「99.5」である。平成27年に取得した土地を令和4年に譲渡したとすると，推定取得費は4,201万8,581円と算出することができる。概算取得費によれば一律250万円ということになるが，推定取得費は譲渡損とはならないものの，概算取得費を上回ることになる。

《設例》

取得費：不明　　　譲渡時期：令和4年3月　　　譲渡価額：5,000万円

①　昭和30年3月取得のケース

全用途平均の例

	昭和30年3月	令和4年3月
市街地価格指数	2.34	118.4

$$推定取得費 = \frac{譲渡価額 \times 取得した年の市街地価格指数}{譲渡した年の市街地価格指数}$$

$$= 50,000,000円 \times \frac{2.34}{118.4} ≒ 988,175円$$

②　昭和60年3月取得のケース

全用途平均の例

	昭和60年3月	令和4年3月
市街地価格指数	131.2	118.4

$$推定取得費 = \frac{譲渡価額 \times 取得した年の市街地価格指数}{譲渡した年の市街地価格指数}$$

$$= 50,000,000\,円 \times \frac{131.2}{118.4} ≒ 55,405,405\,円$$

③ 平成 27 年 3 月取得のケース

全用途平均の例

	平成 27 年 3 月	令和 4 年 3 月
市街地価格指数	99.5	118.4

$$推定取得費 = \frac{譲渡価額 \times 取得した年の市街地価格指数}{譲渡した年の市街地価格指数}$$

$$= 50,000,000\,円 \times \frac{99.5}{118.4} ≒ 42,018,581\,円$$

3 六大都市を除く市街地価格指数

「六大都市を除く市街地価格指数」は，前記六大都市（東京区部，横浜，名古屋，京都，大阪，神戸）を除く全国192都市の平均指数である。したがって，譲渡資産である土地が東京23区，横浜，名古屋，京都，大阪，神戸以外に所在している場合には当該指数が参考となる。

「六大都市を除く市街地価格指数」は昭和30年3月から指数が掲載されており，近年までの推移は下図のとおりである。

【六大都市を除く市街地価格指数】

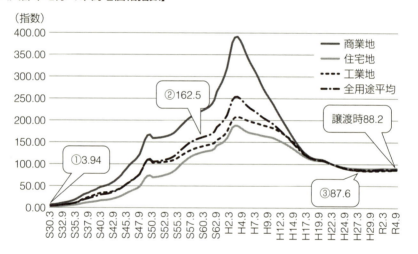

市街地価格指数の例を挙げると，例えば，令和4年に土地を5,000万円で譲渡したとする。令和4年3月末の全用途平均の指数は「88.2」である。

譲渡資産が昭和30年3月に取得したものである場合，平成22（2010）年を100とした場合の全用途平均の指数は「3.94」である。昭和30年3月に取得した土地を令和4年に譲渡したとすると，推定取得費は223万3,560円と算出することができる。概算取得費によれば一律250万円（＝5,000万円×5％）となるため，ここでは

概算取得費の方が高くなる。

　一方，譲渡資産が地価高騰期の昭和60年3月に取得したものである場合，全用途平均の指数は「162.5」である。昭和60年に取得した土地を令和4年に譲渡したとすると，推定取得費は9,212万0,181円と算出することができる。概算取得費によれば一律250万円ということになるが，推定取得費によれば，概算取得費を上回るだけでなく，譲渡価額をも上回ることになる。

　また，譲渡資産を地価高騰期が終息した後の平成27年3月に取得したものである場合，全用途平均の指数は「87.6」である。平成27年に取得した土地を令和4年に譲渡したとすると，推定取得費は4,965万9,863円と算出することができる。概算取得費によれば一律250万円ということになるが，推定取得費は譲渡損とはならないものの，概算取得費を上回ることになる。

《設例》

　取得費：不明　　　譲渡時期：令和4年3月　　　譲渡価額：5,000万円

① 昭和30年3月取得のケース

全用途平均の例

	昭和30年3月	令和4年3月
市街地価格指数	3.94	88.2

$$推定取得費 = \frac{譲渡価額 \times 取得した年の市街地価格指数}{譲渡した年の市街地価格指数}$$

$$= 50,000,000円 \times \frac{3.94}{88.2} ≒ 2,233,560円$$

② 昭和60年3月取得のケース

全用途平均の例

	昭和60年3月	令和4年3月
市街地価格指数	162.5	88.2

第5章　市街地価格指数による取得費の推定　　*183*

$$推定取得費＝\frac{譲渡価額×取得した年の市街地価格指数}{譲渡した年の市街地価格指数}$$

$$＝50,000,000 円×\frac{162.5}{88.2}≒92,120,181 円$$

③ **平成 27 年 3 月取得のケース**

全用途平均の例

	平成 27 年 3 月	令和 4 年 3 月
市街地価格指数	87.6	88.2

$$推定取得費＝\frac{譲渡価額×取得した年の市街地価格指数}{譲渡した年の市街地価格指数}$$

$$＝50,000,000 円×\frac{87.6}{88.2}≒49,659,863 円$$

地方別市街地価格指数

　地方別市街地価格指数には，(1) 北海道地方市街地価格指数，(2) 東北地方市街地価格指数，(3) 関東地方市街地価格指数，(4) 北陸地方市街地価格指数，(5) 中部・東海地方市街地価格指数，(6) 近畿地方市街地価格指数，(7) 中国地方市街地価格指数，(8) 四国地方市街地価格指数，(9) 九州・沖縄市街地価格指数がある。

1　北海道地方市街地価格指数

　「北海道地方市街地価格指数」は，北海道8都市の平均指数である。したがって，譲渡資産である土地が北海道に所在している場合には当該指数が参考となる。

　「北海道地方市街地価格指数」は昭和60年3月から指数が掲載されており，近年までの推移は下図のとおりである。

【北海道地方市街地価格指数】

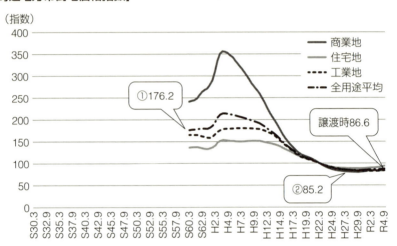

　市街地価格指数の例を挙げると，例えば，令和4年に土地を5,000万円で譲渡したとする。令和4年3月末の全用途平均の指数は「86.6」である。

　譲渡資産が昭和60年3月に取得したものである場合，平成22（2010）年を100とした場合の全用途平均の指数は「176.2」である。昭和60年3月に取得した土地を令和4年に譲渡したとすると，推定取得費は1億0,173万2,101円と算出することができる。概算取得費によれば一律250万円（＝5,000万円×5％）ということになるが，推定取得費によれば，概算取得費を上回るだけでなく，譲渡価額をも上回ることになる。

　また，譲渡資産を地価高騰期が終息した後の平成27年3月に取得したものである場合，全用途平均の指数は「85.2」である。平成27年に取得した土地を令和4年に譲渡したとすると，推定取得費は4,919万1,685円と算出することができる。概算取

得費によれば一律250万円ということになるが，推定取得費は譲渡損とはならないものの，概算取得費を上回ることになる。

《設例》

取得費：不明　　　譲渡時期：令和4年3月　　　譲渡価額：5,000万円

①　昭和60年3月取得のケース

全用途平均の例

	昭和60年3月	令和4年3月
市街地価格指数	176.2	86.6

$$推定取得費 = \frac{譲渡価額 \times 取得した年の市街地価格指数}{譲渡した年の市街地価格指数}$$

$$= 50,000,000円 \times \frac{176.2}{86.6} ≒ 101,732,101円$$

②　平成27年3月取得のケース

全用途平均の例

	平成27年3月	令和4年3月
市街地価格指数	85.2	86.6

$$推定取得費 = \frac{譲渡価額 \times 取得した年の市街地価格指数}{譲渡した年の市街地価格指数}$$

$$= 50,000,000円 \times \frac{85.2}{86.6} ≒ 49,191,685円$$

第5章　市街地価格指数による取得費の推定

2　東北地方市街地価格指数

「東北地方市街地価格指数」は，青森県，岩手県，宮城県，秋田県，山形県，福島県19都市の平均指数である。したがって，譲渡資産である土地が青森県，岩手県，宮城県，秋田県，山形県，福島県に所在している場合には当該指数が参考となる。

「東北地方市街地価格指数」は昭和60年3月から指数が掲載されており，近年までの推移は下図のとおりである。

【東北地方市街地価格指数】

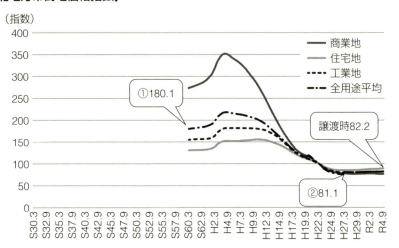

市街地価格指数の例を挙げると，例えば，令和4年に土地を5,000万円で譲渡したとする。令和4年3月末の全用途平均の指数は「82.2」である。

譲渡資産が昭和60年3月に取得したものである場合，平成22（2010）年を100とした場合の全用途平均の指数は「180.1」である。昭和60年3月に取得した土地を令和4年に譲渡したとすると，推定取得費は1億0,954万9,878円と算出することができる。概算取得費によれば一律250万円（＝5,000万円×5％）ということになるが，推定取得費によれば，概算取得費を上回るだけでなく，譲渡価額をも上回ることになる。

また，譲渡資産を地価高騰期が終息した後の平成27年3月に取得したものである場合，全用途平均の指数は「81.1」である。平成27年に取得した土地を令和4年に

譲渡したとすると，推定取得費は 4,933 万 0,900 円と算出することができる。概算取得費によれば一律 250 万円ということになるが，推定取得費は譲渡損とはならないものの，概算取得費を上回ることになる。

《設例》

取得費：不明　　　譲渡時期：令和 4 年 3 月　　　譲渡価額：5,000 万円

① 昭和 60 年 3 月取得のケース

全用途平均の例

	昭和 60 年 3 月	令和 4 年 3 月
市街地価格指数	180.1	82.2

$$推定取得費 = \frac{譲渡価額 \times 取得した年の市街地価格指数}{譲渡した年の市街地価格指数}$$

$$= 50{,}000{,}000 円 \times \frac{180.1}{82.2} ≒ 109{,}549{,}878 円$$

② 平成 27 年 3 月取得のケース

全用途平均の例

	平成 27 年 3 月	令和 4 年 3 月
市街地価格指数	81.1	82.2

$$推定取得費 = \frac{譲渡価額 \times 取得した年の市街地価格指数}{譲渡した年の市街地価格指数}$$

$$= 50{,}000{,}000 円 \times \frac{81.1}{82.2} ≒ 49{,}330{,}900 円$$

3　関東地方市街地価格指数

　「関東地方市街地価格指数」は，茨城県，栃木県，群馬県，埼玉県，千葉県，東京都，神奈川県，山梨県46都市の平均指数である。したがって，譲渡資産である土地が茨城県，栃木県，群馬県，埼玉県，千葉県，東京都，神奈川県，山梨県に所在している場合には当該指数が参考となる。

　「関東地方市街地価格指数」は昭和60年3月から指数が掲載されており，近年までの推移は下図のとおりである。

【関東地方市街地価格指数】

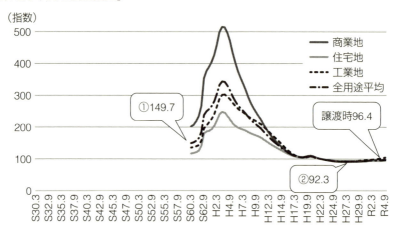

　市街地価格指数の例を挙げると，例えば，令和4年に土地を5,000万円で譲渡したとする。令和4年3月末の全用途平均の指数は「96.4」である。

　譲渡資産が昭和60年3月に取得したものである場合，平成22（2010）年を100とした場合の全用途平均の指数は「149.7」である。昭和60年3月に取得した土地を令和4年に譲渡したとすると，推定取得費は7,764万5,228円と算出することができる。概算取得費によれば一律250万円（＝5,000万円×5％）ということになるが，推定取得費によれば，概算取得費を上回るだけでなく，譲渡価額をも上回ることになる。

　また，譲渡資産を地価高騰期が終息した後の平成27年3月に取得したものである場合，全用途平均の指数は「92.3」である。平成27年に取得した土地を令和4年に

譲渡したとすると，推定取得費は 4,787 万 3,443 円と算出することができる。概算取得費によれば一律 250 万円ということになるが，推定取得費は譲渡損とはならないものの，概算取得費を上回ることになる。

《設例》

　取得費：不明　　　譲渡時期：令和 4 年 3 月　　　譲渡価額：5,000 万円

① 昭和 60 年 3 月取得のケース

全用途平均の例

	昭和 60 年 3 月	令和 4 年 3 月
市街地価格指数	149.7	96.4

$$推定取得費 = \frac{譲渡価額 \times 取得した年の市街地価格指数}{譲渡した年の市街地価格指数}$$

$$= 50,000,000 \text{円} \times \frac{149.7}{96.4} \fallingdotseq 77,645,228 \text{円}$$

② 平成 27 年 3 月取得のケース

全用途平均の例

	平成 27 年 3 月	令和 4 年 3 月
市街地価格指数	92.3	96.4

$$推定取得費 = \frac{譲渡価額 \times 取得した年の市街地価格指数}{譲渡した年の市街地価格指数}$$

$$= 50,000,000 \text{円} \times \frac{92.3}{96.4} \fallingdotseq 47,873,443 \text{円}$$

4 北陸地方市街地価格指数

「北陸地方市街地価格指数」は，新潟県，富山県，石川県，福井県 12 都市の平均指数である。したがって，譲渡資産である土地が新潟県，富山県，石川県，福井県に所在している場合には当該指数が参考となる。

「北陸地方市街地価格指数」は昭和 60 年 3 月から指数が掲載されており，近年までの推移は下図のとおりである。

【北陸地方市街地価格指数】

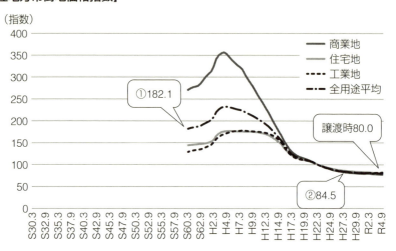

市街地価格指数の例を挙げると，例えば，令和 4 年に土地を 5,000 万円で譲渡したとする。令和 4 年 3 月末の全用途平均の指数は「80.0」である。

譲渡資産が昭和 60 年 3 月に取得したものである場合，平成 22（2010）年を 100 とした場合の全用途平均の指数は「182.1」である。昭和 60 年 3 月に取得した土地を令和 4 年に譲渡したとすると，推定取得費は 1 億 1,381 万 2,500 円と算出することができる。概算取得費によれば一律 250 万円（＝5,000 万円×5 ％）ということになるが，推定取得費によれば，概算取得費を上回るだけでなく，譲渡価額をも上回ることになる。

また，譲渡資産を地価高騰期が終息した後の平成 27 年 3 月に取得したものである場合，全用途平均の指数は「84.5」である。平成 27 年に取得した土地を令和 4 年に

譲渡したとすると，推定取得費は 5,281 万 2,500 円と算出することができる。概算取得費によれば一律 250 万円ということになるが，ここでも推定取得費は譲渡価額を上回ることになる。

《設例》

取得費：不明 　　　譲渡時期：令和 4 年 3 月 　　　譲渡価額：5,000 万円

① 昭和 60 年 3 月取得のケース

全用途平均の例

	昭和 60 年 3 月	令和 4 年 3 月
市街地価格指数	182.1	80.0

$$推定取得費 = \frac{譲渡価額 \times 取得した年の市街地価格指数}{譲渡した年の市街地価格指数}$$

$$= 50,000,000 \, 円 \times \frac{182.1}{80.0} \fallingdotseq 113,812,500 \, 円$$

② 平成 27 年 3 月取得のケース

全用途平均の例

	平成 27 年 3 月	令和 4 年 3 月
市街地価格指数	84.5	80.0

$$推定取得費 = \frac{譲渡価額 \times 取得した年の市街地価格指数}{譲渡した年の市街地価格指数}$$

$$= 50,000,000 \, 円 \times \frac{84.5}{80.0} \fallingdotseq 52,812,500 \, 円$$

5　中部・東海地方市街地価格指数

「中部・東海地方市街地価格指数」は，長野県，静岡県，愛知県，岐阜県，三重県30都市の平均指数である。したがって，譲渡資産である土地が長野県，静岡県，愛知県，岐阜県，三重県に所在している場合には当該指数が参考となる。

「中部・東海地方市街地価格指数」は昭和60年3月から指数が掲載されており，近年までの推移は下図のとおりである。

【中部・東海地方市街地価格指数】

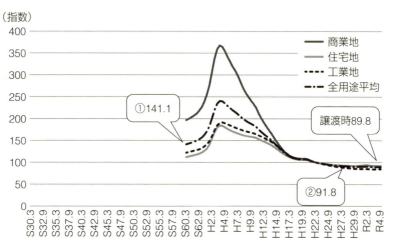

市街地価格指数の例を挙げると，例えば，令和4年に土地を5,000万円で譲渡したとする。令和4年3月末の全用途平均の指数は「89.8」である。

譲渡資産が昭和60年3月に取得したものである場合，平成22（2010）年を100とした場合の全用途平均の指数は「141.1」である。昭和60年3月に取得した土地を令和4年に譲渡したとすると，推定取得費は7,856万3,474円と算出することができる。概算取得費によれば一律250万円（＝5,000万円×5％）ということになるが，推定取得費によれば，概算取得費を上回るだけでなく，譲渡価額をも上回ることになる。

また，譲渡資産を地価高騰期が終息した後の平成27年3月に取得したものである場合，全用途平均の指数は「91.8」である。平成27年に取得した土地を令和4年に

譲渡したとすると，推定取得費は5,111万3,585円と算出することができる。概算取得費によれば一律250万円ということになるが，ここでも推定取得費は譲渡価額を上回ることになる。

《設例》

取得費：不明　　　譲渡時期：令和4年3月　　　譲渡価額：5,000万円

① 昭和60年3月取得のケース

全用途平均の例

	昭和60年3月	令和4年3月
市街地価格指数	141.1	89.8

$$推定取得費 = \frac{譲渡価額 \times 取得した年の市街地価格指数}{譲渡した年の市街地価格指数}$$

$$= 50,000,000 円 \times \frac{141.1}{89.8} ≒ 78,563,474 円$$

② 平成27年3月取得のケース

全用途平均の例

	平成27年3月	令和4年3月
市街地価格指数	91.8	89.8

$$推定取得費 = \frac{譲渡価額 \times 取得した年の市街地価格指数}{譲渡した年の市街地価格指数}$$

$$= 50,000,000 円 \times \frac{91.8}{89.8} ≒ 51,113,585 円$$

第5章　市街地価格指数による取得費の推定

6 近畿地方市街地価格指数

「近畿地方市街地価格指数」は，滋賀県，京都府，奈良県，和歌山県，大阪府，兵庫県 31 都市の平均指数である。したがって，譲渡資産である土地が滋賀県，京都府，奈良県，和歌山県，大阪府，兵庫県に所在している場合には当該指数が参考となる。

「近畿地方市街地価格指数」は昭和 60 年 3 月から指数が掲載されており，近年までの推移は下図のとおりである。

【近畿地方市街地価格指数】

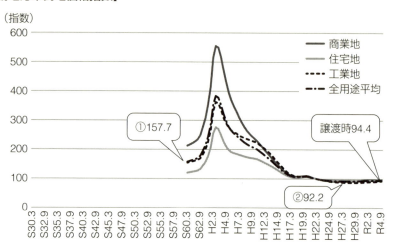

市街地価格指数の例を挙げると，例えば，令和 4 年に土地を 5,000 万円で譲渡したとする。令和 4 年 3 月末の全用途平均の指数は「94.4」である。

譲渡資産が昭和 60 年 3 月に取得したものである場合，平成 22（2010）年を 100 とした場合の全用途平均の指数は「157.7」である。昭和 60 年 3 月に取得した土地を令和 4 年に譲渡したとすると，推定取得費は 8,352 万 7,542 円と算出することができる。概算取得費によれば一律 250 万円（＝5,000 万円×5 ％）ということになるが，推定取得費によれば，概算取得費を上回るだけでなく，譲渡価額をも上回ることになる。

また，譲渡資産を地価高騰期が終息した後の平成 27 年 3 月に取得したものである場合，全用途平均の指数は「92.2」である。平成 27 年に取得した土地を令和 4 年に

譲渡したとすると，推定取得費は4,883万4,745円と算出することができる。概算取得費によれば一律250万円ということになるが，推定取得費は譲渡損とはならないものの，概算取得費を上回ることになる。

《設例》

取得費：不明　　　譲渡時期：令和4年3月　　　譲渡価額：5,000万円

① 昭和60年3月取得のケース

全用途平均の例

	昭和60年3月	令和4年3月
市街地価格指数	157.7	94.4

$$推定取得費＝\frac{譲渡価額×取得した年の市街地価格指数}{譲渡した年の市街地価格指数}$$

$$＝50,000,000円×\frac{157.7}{94.4}≒83,527,542円$$

② 平成27年3月取得のケース

全用途平均の例

	平成27年3月	令和4年3月
市街地価格指数	92.2	94.4

$$推定取得費＝\frac{譲渡価額×取得した年の市街地価格指数}{譲渡した年の市街地価格指数}$$

$$＝50,000,000円×\frac{92.2}{94.4}≒48,834,745円$$

7 中国地方市街地価格指数

「中国地方市街地価格指数」は，鳥取県，島根県，岡山県，広島県，山口県17都市の平均指数である。したがって，譲渡資産である土地が鳥取県，島根県，岡山県，広島県，山口県に所在している場合には当該指数が参考となる。

「中国地方市街地価格指数」は昭和60年3月から指数が掲載されており，近年までの推移は下図のとおりである。

【中国地方市街地価格指数】

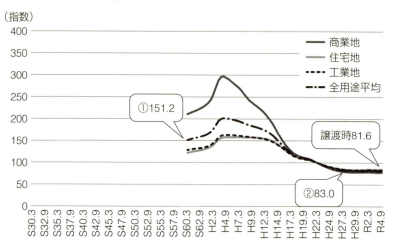

市街地価格指数の例を挙げると，例えば，令和4年に土地を5,000万円で譲渡したとする。令和4年3月末の全用途平均の指数は「81.6」である。

譲渡資産が昭和60年3月に取得したものである場合，平成22（2010）年を100とした場合の全用途平均の指数は「151.2」である。昭和60年3月に取得した土地を令和4年に譲渡したとすると，推定取得費は9,264万7,058円と算出することができる。概算取得費によれば一律250万円（＝5,000万円×5％）ということになるが，推定取得費によれば，概算取得費を上回るだけでなく，譲渡価額をも上回ることになる。

また，譲渡資産を地価高騰期が終息した後の平成27年3月に取得したものである場合，全用途平均の指数は「83.0」である。平成27年に取得した土地を令和4年に

譲渡したとすると，推定取得費は 5,085 万 7,843 円と算出することができる。概算取得費によれば一律 250 万円ということになるが，ここでも推定取得費は譲渡価額を上回ることになる。

《設例》

　取得費：不明　　　譲渡時期：令和 4 年 3 月　　　譲渡価額：5,000 万円

①　昭和 60 年 3 月取得のケース

全用途平均の例

	昭和 60 年 3 月	令和 4 年 3 月
市街地価格指数	151.2	81.6

$$推定取得費 = \frac{譲渡価額 \times 取得した年の市街地価格指数}{譲渡した年の市街地価格指数}$$

$$= 50{,}000{,}000 \,円 \times \frac{151.2}{81.6} ≒ 92{,}647{,}058 \,円$$

②　平成 27 年 3 月取得のケース

全用途平均の例

	平成 27 年 3 月	令和 4 年 3 月
市街地価格指数	83.0	81.6

$$推定取得費 = \frac{譲渡価額 \times 取得した年の市街地価格指数}{譲渡した年の市街地価格指数}$$

$$= 50{,}000{,}000 \,円 \times \frac{83.0}{81.6} ≒ 50{,}857{,}843 \,円$$

8 四国地方市街地価格指数

「四国地方市街地価格指数」は，徳島県，香川県，愛媛県，高知県9都市の平均指数である。したがって，譲渡資産である土地が徳島県，香川県，愛媛県，高知県に所在している場合には当該指数が参考となる。

「四国地方市街地価格指数」は昭和60年3月から指数が掲載されており，近年までの推移は下図のとおりである。

【四国地方市街地価格指数】

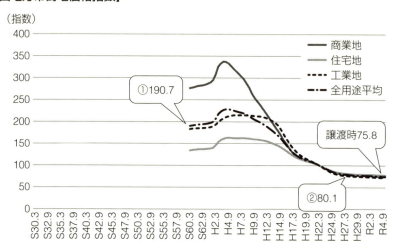

市街地価格指数の例を挙げると，例えば，令和4年に土地を5,000万円で譲渡したとする。令和4年3月末の全用途平均の指数は「75.8」である。

譲渡資産が昭和60年3月に取得したものである場合，平成22（2010）年を100とした場合の全用途平均の指数は「190.7」である。昭和60年3月に取得した土地を令和4年に譲渡したとすると，推定取得費は1億2,579万1,556円と算出することができる。概算取得費によれば一律250万円（＝5,000万円×5％）ということになるが，推定取得費によれば，概算取得費を上回るだけでなく，譲渡価額をも上回ることになる。

また，譲渡資産を地価高騰期が終息した後の平成27年3月に取得したものである場合，全用途平均の指数は「80.1」である。平成27年に取得した土地を令和4年に

譲渡したとすると，推定取得費は 5,283 万 6,411 円と算出することができる。概算取得費によれば一律 250 万円ということになるが，ここでも推定取得費は譲渡価額を上回ることになる。

《設例》

　　取得費：不明　　　譲渡時期：令和 4 年 3 月　　　譲渡価額：5,000 万円

①　昭和 60 年 3 月取得のケース

全用途平均の例

	昭和 60 年 3 月	令和 4 年 3 月
市街地価格指数	190.7	75.8

$$推定取得費 = \frac{譲渡価額 \times 取得した年の市街地価格指数}{譲渡した年の市街地価格指数}$$

$$= 50,000,000 \text{円} \times \frac{190.7}{75.8} ≒ 125,791,556 \text{円}$$

②　平成 27 年 3 月取得のケース

全用途平均の例

	平成 27 年 3 月	令和 4 年 3 月
市街地価格指数	80.1	75.8

$$推定取得費 = \frac{譲渡価額 \times 取得した年の市街地価格指数}{譲渡した年の市街地価格指数}$$

$$= 50,000,000 \text{円} \times \frac{80.1}{75.8} ≒ 52,836,411 \text{円}$$

第 5 章　市街地価格指数による取得費の推定

9　九州・沖縄地方市街地価格指数

　「九州・沖縄地方市街地価格指数」は，福岡県，佐賀県，長崎県，熊本県，大分県，宮崎県，鹿児島県，沖縄県26都市の平均指数である。したがって，譲渡資産である土地が福岡県，佐賀県，長崎県，熊本県，大分県，宮崎県，鹿児島県，沖縄県に所在している場合には当該指数が参考となる。

　「九州・沖縄地方市街地価格指数」は昭和60年3月から指数が掲載されており，近年までの推移は下図のとおりである。

【九州・沖縄地方市街地価格指数】

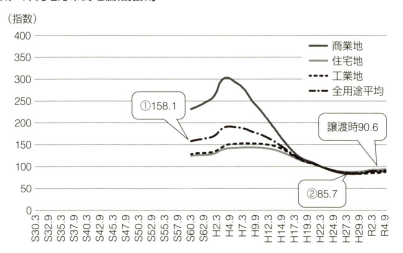

　市街地価格指数の例を挙げると，例えば，令和4年に土地を5,000万円で譲渡したとする。令和4年3月末の全用途平均の指数は「90.6」である。

　譲渡資産が昭和60年3月に取得したものである場合，平成22（2010）年を100とした場合の全用途平均の指数は「158.1」である。昭和60年3月に取得した土地を令和4年に譲渡したとすると，推定取得費は8,725万1,655円と算出することができる。概算取得費によれば一律250万円（＝5,000万円×5％）ということになるが，推定取得費によれば，概算取得費を上回るだけでなく，譲渡価額をも上回ることになる。

　また，譲渡資産を地価高騰期が終息した後の平成27年3月に取得したものである

場合，全用途平均の指数は「85.7」である。平成 27 年に取得した土地を令和 4 年に譲渡したとすると，推定取得費は 4,729 万 5,805 円と算出することができる。概算取得費によれば一律 250 万円ということになるが，推定取得費は譲渡損とはならないものの，概算取得費を上回ることになる。

《設例》

取得費：不明　　　譲渡時期：令和 4 年 3 月　　　譲渡価額：5,000 万円

①　昭和 60 年 3 月取得のケース

全用途平均の例

	昭和 60 年 3 月	令和 4 年 3 月
市街地価格指数	158.1	90.6

$$推定取得費 = \frac{譲渡価額 \times 取得した年の市街地価格指数}{譲渡した年の市街地価格指数}$$

$$= 50{,}000{,}000 円 \times \frac{158.1}{90.6} ≒ 87{,}251{,}655 円$$

②　平成 27 年 3 月取得のケース

全用途平均の例

	平成 27 年 3 月	令和 4 年 3 月
市街地価格指数	85.7	90.6

$$推定取得費 = \frac{譲渡価額 \times 取得した年の市街地価格指数}{譲渡した年の市街地価格指数}$$

$$= 50{,}000{,}000 円 \times \frac{85.7}{90.6} ≒ 47{,}295{,}805 円$$

第 5 章　市街地価格指数による取得費の推定　　*203*

5 三大都市圏市街地価格指数

　三大都市圏市街地価格指数は，「東京圏市街地価格指数」，「大阪圏市街地価格指数」，「名古屋圏市街地価格指数」の 3 つがある。

1 東京圏市街地価格指数

　東京圏市街地価格指数には，(1) 東京圏市街地価格指数，(2) 東京区部市街地価格指数，(3) 東京都下市街地価格，(4) 神奈川県市街地価格指数，(5) 埼玉県市街地価格指数，(6) 千葉県市街地価格指数がある。

(1) 東京圏市街地価格指数

「東京圏市街地価格指数」は，東京圏（首都圏整備法の既成市街地及び近郊整備地帯の全域 31 都市・東京区部）の平均指数である。したがって，譲渡資産である土地が東京圏に所在している場合には当該指数が参考となる。

「東京圏市街地価格指数」は昭和 60 年 3 月から指数が掲載されており，近年までの推移は下図のとおりである。

【東京圏市街地価格指数】

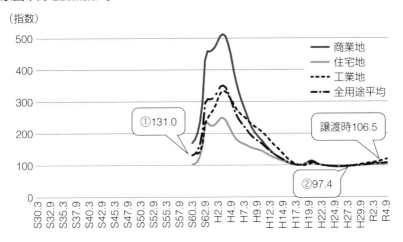

市街地価格指数の例を挙げると，例えば，令和 4 年に土地を 5,000 万円で譲渡したとする。令和 4 年 3 月末の全用途平均の指数は「106.5」である。

譲渡資産が昭和 60 年 3 月に取得したものである場合，平成 22（2010）年を 100 とした場合の全用途平均の指数は「131.0」である。昭和 60 年 3 月に取得した土地を令和 4 年に譲渡したとすると，推定取得費は 6,150 万 2,347 円と算出することができる。概算取得費によれば一律 250 万円（＝5,000 万円×5％）ということになるが，推定取得費によれば，概算取得費を上回るだけでなく，譲渡価額をも上回ることになる。

また，譲渡資産を地価高騰期が終息した後の平成 27 年 3 月に取得したものである場合，全用途平均の指数は「97.4」である。平成 27 年に取得した土地を令和 4 年に

譲渡したとすると，推定取得費は4,572万7,699円と算出することができる。概算取得費によれば一律250万円ということになるが，推定取得費は譲渡損とはならないものの，概算取得費を上回ることになる。

《設例》

取得費：不明　　　譲渡時期：令和4年3月　　　譲渡価額：5,000万円

① 昭和60年3月取得のケース

全用途平均の例

	昭和60年3月	令和4年3月
市街地価格指数	131.0	106.5

$$推定取得費 = \frac{譲渡価額 \times 取得した年の市街地価格指数}{譲渡した年の市街地価格指数}$$

$$= 50,000,000 円 \times \frac{131.0}{106.5} ≒ 61,502,347 円$$

② 平成27年3月取得のケース

全用途平均の例

	平成27年3月	令和4年3月
市街地価格指数	97.4	106.5

$$推定取得費 = \frac{譲渡価額 \times 取得した年の市街地価格指数}{譲渡した年の市街地価格指数}$$

$$= 50,000,000 円 \times \frac{97.4}{106.5} ≒ 45,727,699 円$$

（2） 東京区部市街地価格指数

「東京区部市街地価格指数」は，東京都23区の平均指数である。したがって，譲渡資産である土地が東京23区に所在している場合には当該指数が参考となる。

「東京区部市街地価格指数」は昭和60年3月から指数が掲載されており，近年までの推移は下図のとおりである。

【東京区部市街地価格指数】

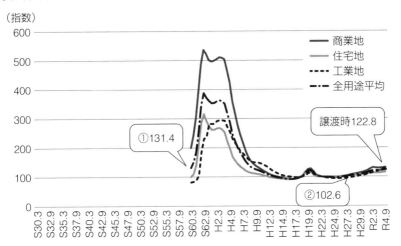

市街地価格指数の例を挙げると，例えば，令和4年に土地を5,000万円で譲渡したとする。令和4年3月末の全用途平均の指数は「122.8」である。

譲渡資産が昭和60年3月に取得したものである場合，平成22（2010）年を100とした場合の全用途平均の指数は「131.4」である。昭和60年3月に取得した土地を令和4年に譲渡したとすると，推定取得費は5,350万1,628円と算出することができる。概算取得費によれば一律250万円（＝5,000万円×5％）ということになるが，推定取得費によれば，概算取得費を上回るだけでなく，譲渡価額をも上回ることになる。

また，譲渡資産を地価高騰期が終息した後の平成27年3月に取得したものである場合，全用途平均の指数は「102.6」である。平成27年に取得した土地を令和4年に譲渡したとすると，推定取得費は4,177万5,244円と算出することができる。概算

取得費によれば一律250万円ということになるが，推定取得費は譲渡損とはならないものの，概算取得費を上回ることになる。

《設例》

取得費：不明　　　譲渡時期：令和4年3月　　　譲渡価額：5,000万円

① 昭和60年3月取得のケース

全用途平均の例

	昭和60年3月	令和4年3月
市街地価格指数	131.4	122.8

$$推定取得費＝\frac{譲渡価額×取得した年の市街地価格指数}{譲渡した年の市街地価格指数}$$

$$＝50{,}000{,}000円×\frac{131.4}{122.8}≒53{,}501{,}628円$$

② 平成27年3月取得のケース

全用途平均の例

	平成27年3月	令和4年3月
市街地価格指数	102.6	122.8

$$推定取得費＝\frac{譲渡価額×取得した年の市街地価格指数}{譲渡した年の市街地価格指数}$$

$$＝50{,}000{,}000円×\frac{102.6}{122.8}≒41{,}775{,}244円$$

(3) 東京都下市街地価格指数

「東京都下市街地価格指数」は，23区以外の6都市の平均指数である。したがって，譲渡資産である土地が東京都のうち23区以外に所在している場合には当該指数が参考となる。

「東京都下市街地価格指数」は昭和60年3月から指数が掲載されており，近年までの推移は下図のとおりである。

【東京都下市街地価格指数】

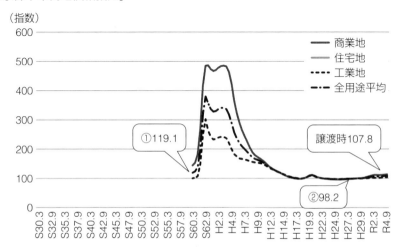

市街地価格指数の例を挙げると，例えば，令和4年に土地を5,000万円で譲渡したとする。令和4年3月末の全用途平均の指数は「107.8」である。

譲渡資産が昭和60年3月に取得したものである場合，平成22（2010）年を100とした場合の全用途平均の指数は「119.1」である。昭和60年3月に取得した土地を令和4年に譲渡したとすると，推定取得費は5,524万1,187円と算出することができる。概算取得費によれば一律250万円（＝5,000万円×5％）ということになるが，推定取得費によれば，概算取得費を上回るだけでなく，譲渡価額をも上回ることになる。

また，譲渡資産を地価高騰期が終息した後の平成27年3月に取得したものである場合，全用途平均の指数は「98.2」である。平成27年に取得した土地を令和4年に

譲渡したとすると，推定取得費は4,554万7,309円と算出することができる。概算取得費によれば一律250万円ということになるが，推定取得費は譲渡損とはならないものの，概算取得費を上回ることになる。

《設例》

　取得費：不明　　　　譲渡時期：令和4年3月　　　　譲渡価額：5,000万円

①　昭和60年3月取得のケース

全用途平均の例

	昭和60年3月	令和4年3月
市街地価格指数	119.1	107.8

$$推定取得費＝\frac{譲渡価額×取得した年の市街地価格指数}{譲渡した年の市街地価格指数}$$

$$＝50,000,000円×\frac{119.1}{107.8}≒55,241,187円$$

②　平成27年3月取得のケース

全用途平均の例

	平成27年3月	令和4年3月
市街地価格指数	98.2	107.8

$$推定取得費＝\frac{譲渡価額×取得した年の市街地価格指数}{譲渡した年の市街地価格指数}$$

$$＝50,000,000円×\frac{98.2}{107.8}≒45,547,309円$$

(4) 神奈川県市街地価格指数

「神奈川県市街地価格指数」は，神奈川県にある10都市の平均指数である。したがって，譲渡資産である土地が神奈川県に所在している場合には当該指数が参考となる。

「神奈川県市街地価格指数」は昭和60年3月から指数が掲載されており，近年までの推移は下図のとおりである。

【神奈川県市街地価格指数】

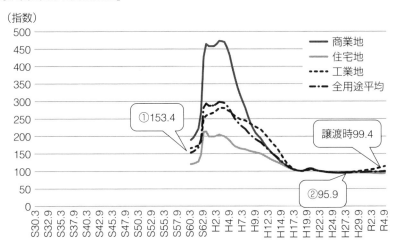

市街地価格指数の例を挙げると，例えば，令和4年に土地を5,000万円で譲渡したとする。令和4年3月末の全用途平均の指数は「99.4」である。

譲渡資産が昭和60年3月に取得したものである場合，平成22（2010）年を100とした場合の全用途平均の指数は「153.4」である。昭和60年3月に取得した土地を令和4年に譲渡したとすると，推定取得費は7,716万2,977円と算出することができる。概算取得費によれば一律250万円（＝5,000万円×5％）ということになるが，推定取得費によれば，概算取得費を上回るだけでなく，譲渡価額をも上回ることになる。

また，譲渡資産を地価高騰期が終息した後の平成27年3月に取得したものである場合，全用途平均の指数は「95.9」である。平成27年に取得した土地を令和4年に

譲渡したとすると，推定取得費は4,823万9,436円と算出することができる。概算取得費によれば一律250万円ということになるが，推定取得費は譲渡損とはならないものの，概算取得費を上回ることになる。

《設例》

取得費：不明　　　譲渡時期：令和4年3月　　　譲渡価額：5,000万円

① 昭和60年3月取得のケース

全用途平均の例

	昭和60年3月	令和4年3月
市街地価格指数	153.4	99.4

$$推定取得費＝\frac{譲渡価額×取得した年の市街地価格指数}{譲渡した年の市街地価格指数}$$

$$＝50,000,000円×\frac{153.4}{99.4}≒77,162,977円$$

② 平成27年3月取得のケース

全用途平均の例

	平成27年3月	令和4年3月
市街地価格指数	95.9	99.4

$$推定取得費＝\frac{譲渡価額×取得した年の市街地価格指数}{譲渡した年の市街地価格指数}$$

$$＝50,000,000円×\frac{95.9}{99.4}≒48,239,436円$$

(5) 埼玉県市街地価格指数

「埼玉県市街地価格指数」は，埼玉県にある7都市の平均指数である。したがって，譲渡資産である土地が埼玉県に所在している場合には当該指数が参考となる。

「埼玉県市街地価格指数」は昭和60年3月から指数が掲載されており，近年までの推移は下図のとおりである。

【埼玉県市街地価格指数】

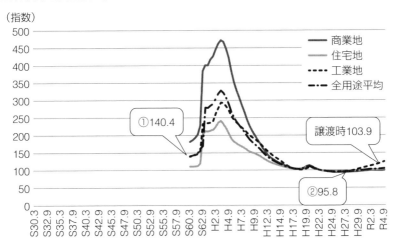

市街地価格指数の例を挙げると，例えば，令和4年に土地を5,000万円で譲渡したとする。令和4年3月末の全用途平均の指数は「103.9」である。

譲渡資産が昭和60年3月に取得したものである場合，平成22（2010）年を100とした場合の全用途平均の指数は「140.4」である。昭和60年3月に取得した土地を令和4年に譲渡したとすると，推定取得費は6,756万4,966円と算出することができる。概算取得費によれば一律250万円（＝5,000万円×5％）ということになるが，推定取得費によれば，概算取得費を上回るだけでなく，譲渡価額をも上回ることになる。

また，譲渡資産を地価高騰期が終息した後の平成27年3月に取得したものである場合，全用途平均の指数は「95.8」である。平成27年に取得した土地を令和4年に譲渡したとすると，推定取得費は4,610万2,021円と算出することができる。概算取

得費によれば一律250万円ということになるが，推定取得費は譲渡損とはならないものの，概算取得費を上回ることになる。

《設例》

　取得費：不明　　　譲渡時期：令和4年3月　　　　譲渡価額：5,000万円

①　昭和60年3月取得のケース

全用途平均の例

	昭和60年3月	令和4年3月
市街地価格指数	140.4	103.9

$$推定取得費 = \frac{譲渡価額 \times 取得した年の市街地価格指数}{譲渡した年の市街地価格指数}$$

$$= 50,000,000円 \times \frac{140.4}{103.9} ≒ 67,564,966円$$

②　平成27年3月取得のケース

全用途平均の例

	平成27年3月	令和4年3月
市街地価格指数	95.8	103.9

$$推定取得費 = \frac{譲渡価額 \times 取得した年の市街地価格指数}{譲渡した年の市街地価格指数}$$

$$= 50,000,000円 \times \frac{95.8}{103.9} ≒ 46,102,021円$$

(6) 千葉県市街地価格指数

「千葉県市街地価格指数」は、千葉県にある8都市の平均指数である。したがって、譲渡資産である土地が千葉県に所在している場合には当該指数が参考となる。

「千葉県市街地価格指数」は昭和60年3月から指数が掲載されており、近年までの推移は下図のとおりである。

【千葉県市街地価格指数】

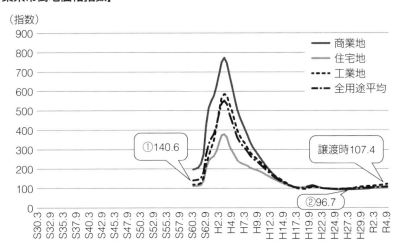

市街地価格指数の例を挙げると、例えば、令和4年に土地を5,000万円で譲渡したとする。令和4年3月末の全用途平均の指数は「107.4」である。

譲渡資産が昭和60年3月に取得したものである場合、平成22（2010）年を100とした場合の全用途平均の指数は「140.6」である。昭和60年3月に取得した土地を令和4年に譲渡したとすると、推定取得費は6,545万6,238円と算出することができる。概算取得費によれば一律250万円（＝5,000万円×5％）ということになるが、推定取得費によれば、概算取得費を上回るだけでなく、譲渡価額をも上回ることになる。

また、譲渡資産を地価高騰期が終息した後の平成27年3月に取得したものである場合、全用途平均の指数は「96.7」である。平成27年に取得した土地を令和4年に譲渡したとすると、推定取得費は4,501万8,621円と算出することができる。概算取

得費によれば一律250万円ということになるが，推定取得費は譲渡損とはならない
ものの，概算取得費を上回ることになる。

《設例》

取得費：不明　　　譲渡時期：令和4年3月　　　譲渡価額：5,000万円

① 昭和60年3月取得のケース

全用途平均の例

	昭和60年3月	令和4年3月
市街地価格指数	140.6	107.4

$$推定取得費＝\frac{譲渡価額×取得した年の市街地価格指数}{譲渡した年の市街地価格指数}$$

$$＝50,000,000円×\frac{140.6}{107.4}≒65,456,238円$$

② 平成27年3月取得のケース

全用途平均の例

	平成27年3月	令和4年3月
市街地価格指数	96.7	107.4

$$推定取得費＝\frac{譲渡価額×取得した年の市街地価格指数}{譲渡した年の市街地価格指数}$$

$$＝50,000,000円×\frac{96.7}{107.4}≒45,018,621円$$

2　大阪圏市街地価格指数

　大阪圏市街地価格指数には，(1) 大阪圏市街地価格指数，(2) 大阪府市街地価格指数，(3) 大阪府を除く市街地価格指数がある。

(1)　大阪圏市街地価格指数

　「大阪圏市街地価格指数」は，大阪圏（近畿圏整備法の既成都市区域及び近郊整備区域の全域23都市）の平均指数である。したがって，譲渡資産である土地が大阪圏に所在している場合には当該指数が参考となる。

　「大阪圏市街地価格指数」は昭和60年3月から指数が掲載されており，近年までの推移は下図のとおりである。

【大阪圏市街地価格指数】

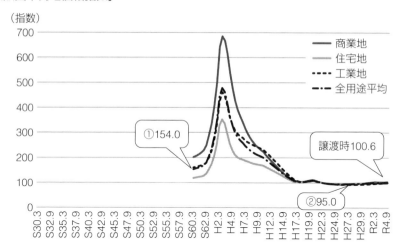

　市街地価格指数の例を挙げると，例えば，令和4年に土地を5,000万円で譲渡したとする。令和4年3月末の全用途平均の指数は「100.6」である。

　譲渡資産が昭和60年3月に取得したものである場合，平成22（2010）年を100とした場合の全用途平均の指数は「154.0」である。昭和60年3月に取得した土地を令和4年に譲渡したとすると，推定取得費は7,654万0,755円と算出することができる。概算取得費によれば一律250万円（＝5,000万円×5％）ということになるが，

第5章　市街地価格指数による取得費の推定　*217*

推定取得費によれば，概算取得費を上回るだけでなく，譲渡価額をも上回ることになる。

また，譲渡資産を地価高騰期が終息した後の平成27年3月に取得したものである場合，全用途平均の指数は「95.0」である。平成27年に取得した土地を令和4年に譲渡したとすると，推定取得費は4,721万6,699円と算出することができる。概算取得費によれば一律250万円ということになるが，推定取得費は譲渡損とはならないものの，概算取得費を上回ることになる。

《設例》

　取得費：不明　　　譲渡時期：令和4年3月　　　譲渡価額：5,000万円

① 昭和60年3月取得のケース

全用途平均の例

	昭和60年3月	令和4年3月
市街地価格指数	154.0	100.6

$$推定取得費 = \frac{譲渡価額 \times 取得した年の市街地価格指数}{譲渡した年の市街地価格指数}$$

$$= 50,000,000 円 \times \frac{154.0}{100.6} \fallingdotseq 76,540,755 円$$

② 平成27年3月取得のケース

全用途平均の例

	平成27年3月	令和4年3月
市街地価格指数	95.0	100.6

$$推定取得費 = \frac{譲渡価額 \times 取得した年の市街地価格指数}{譲渡した年の市街地価格指数}$$

$$= 50,000,000 円 \times \frac{95.0}{100.6} \fallingdotseq 47,216,699 円$$

(2) 大阪府市街地価格指数

「大阪府市街地価格指数」は，大阪府13都市の平均指数である。したがって，譲渡資産である土地が大阪府に所在している場合には当該指数が参考となる。

「大阪府市街地価格指数」は昭和60年3月から指数が掲載されており，近年までの推移は下図のとおりである。

【大阪府市街地価格指数】

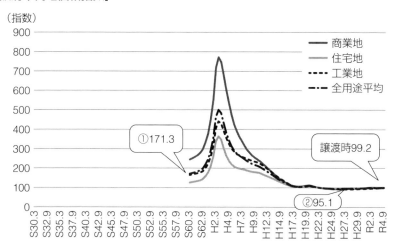

市街地価格指数の例を挙げると，例えば，令和4年に土地を5,000万円で譲渡したとする。令和4年3月末の全用途平均の指数は「99.2」である。

譲渡資産が昭和60年3月に取得したものである場合，平成22（2010）年を100とした場合の全用途平均の指数は「171.3」である。昭和60年3月に取得した土地を令和4年に譲渡したとすると，推定取得費は8,634万0,725円と算出することができる。概算取得費によれば一律250万円（＝5,000万円×5％）ということになるが，推定取得費によれば，概算取得費を上回るだけでなく，譲渡価額をも上回ることになる。

また，譲渡資産を地価高騰期が終息した後の平成27年3月に取得したものである場合，全用途平均の指数は「95.1」である。平成27年に取得した土地を令和4年に譲渡したとすると，推定取得費は4,793万3,467円と算出することができる。概算取

得費によれば一律250万円ということになるが，推定取得費は譲渡損とはならないものの，概算取得費を上回ることになる。

《設例》

　取得費：不明　　　譲渡時期：令和4年3月　　　譲渡価額：5,000万円

①　昭和60年3月取得のケース

全用途平均の例

	昭和60年3月	令和4年3月
市街地価格指数	171.3	99.2

$$推定取得費 = \frac{譲渡価額 \times 取得した年の市街地価格指数}{譲渡した年の市街地価格指数}$$

$$= 50,000,000円 \times \frac{171.3}{99.2} ≒ 86,340,725円$$

②　平成27年3月取得のケース

全用途平均の例

	平成27年3月	令和4年3月
市街地価格指数	95.1	99.2

$$推定取得費 = \frac{譲渡価額 \times 取得した年の市街地価格指数}{譲渡した年の市街地価格指数}$$

$$= 50,000,000円 \times \frac{95.1}{99.2} ≒ 47,933,467円$$

（3） 大阪府を除く市街地価格指数

「大阪府を除く市街地価格指数」は，大阪府以外の10都市の平均指数である。したがって，譲渡資産である土地が大阪圏のうち大阪府以外に所在している場合には当該指数が参考となる。

「大阪府を除く市街地価格指数」は昭和60年3月から指数が掲載されており，近年までの推移は下図のとおりである。

【大阪府を除く市街地価格指数】

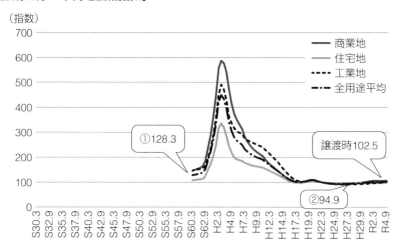

市街地価格指数の例を挙げると，例えば，令和4年に土地を5,000万円で譲渡したとする。令和4年3月末の全用途平均の指数は「102.5」である。

譲渡資産が昭和60年3月に取得したものである場合，平成22（2010）年を100とした場合の全用途平均の指数は「128.3」である。昭和60年3月に取得した土地を令和4年に譲渡したとすると，推定取得費は6,258万5,365円と算出することができる。概算取得費によれば一律250万円（＝5,000万円×5％）ということになるが，推定取得費によれば，概算取得費を上回るだけでなく，譲渡価額をも上回ることになる。

また，譲渡資産を地価高騰期が終息した後の平成27年3月に取得したものである場合，全用途平均の指数は「94.9」である。平成27年に取得した土地を令和4年に

第5章　市街地価格指数による取得費の推定　*221*

譲渡したとすると，推定取得費は4,629万2,682円と算出することができる。概算取得費によれば一律250万円ということになるが，推定取得費は譲渡損とはならないものの，概算取得費を上回ることになる。

《設例》

取得費：不明　　　譲渡時期：令和4年3月　　　譲渡価額：5,000万円

①　昭和60年3月取得のケース

全用途平均の例

	昭和60年3月	令和4年3月
市街地価格指数	128.3	102.5

$$推定取得費＝\frac{譲渡価額×取得した年の市街地価格指数}{譲渡した年の市街地価格指数}$$

$$＝50,000,000円×\frac{128.3}{102.5}≒62,585,365円$$

②　平成27年3月取得のケース

全用途平均の例

	平成27年3月	令和4年3月
市街地価格指数	94.9	102.5

$$推定取得費＝\frac{譲渡価額×取得した年の市街地価格指数}{譲渡した年の市街地価格指数}$$

$$＝50,000,000円×\frac{94.9}{102.5}≒46,292,682円$$

3　名古屋圏市街地価格指数

　「名古屋圏市街地価格指数」は，名古屋圏（中部圏開発整備法の都市整備区域の全域11都市）の平均指数である。したがって，譲渡資産である土地が名古屋圏に所在している場合には当該指数が参考となる。

　「名古屋圏市街地価格指数」は昭和60年3月から指数が掲載されており，近年までの推移は下図のとおりである。

【名古屋圏市街地価格指数】

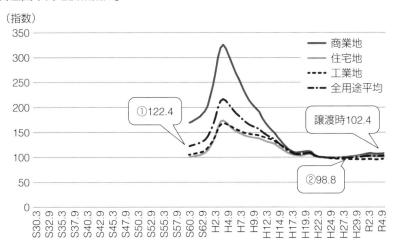

　市街地価格指数の例を挙げると，例えば，令和4年に土地を5,000万円で譲渡したとする。令和4年3月末の全用途平均の指数は「102.4」である。

　譲渡資産が昭和60年3月に取得したものである場合，平成22（2010）年を100とした場合の全用途平均の指数は「122.4」である。昭和60年3月に取得した土地を令和4年に譲渡したとすると，推定取得費は5,976万5,625円と算出することができる。概算取得費によれば一律250万円（＝5,000万円×5％）ということになるが，推定取得費によれば，概算取得費を上回るだけでなく，譲渡価額をも上回ることになる。

　また，譲渡資産を地価高騰期が終息した後の平成27年3月に取得したものである場合，全用途平均の指数は「98.8」である。平成27年に取得した土地を令和4年に

譲渡したとすると，推定取得費は4,824万2,187円と算出することができる。概算取得費によれば一律250万円ということになるが，推定取得費は譲渡損とはならないものの，概算取得費を上回ることになる。

《設例》

取得費：不明　　　譲渡時期：令和4年3月　　　譲渡価額：5,000万円

① 昭和60年3月取得のケース

全用途平均の例

	昭和60年3月	令和4年3月
市街地価格指数	122.4	102.4

$$推定取得費 = \frac{譲渡価額 \times 取得した年の市街地価格指数}{譲渡した年の市街地価格指数}$$

$$= 50,000,000\,円 \times \frac{122.4}{102.4} \fallingdotseq 59,765,625\,円$$

② 平成27年3月取得のケース

全用途平均の例

	平成27年3月	令和4年3月
市街地価格指数	98.8	102.4

$$推定取得費 = \frac{譲渡価額 \times 取得した年の市街地価格指数}{譲渡した年の市街地価格指数}$$

$$= 50,000,000\,円 \times \frac{98.8}{102.4} \fallingdotseq 48,242,187\,円$$

6 三大都市圏を除く政令指定都市市街地価格指数

　「三大都市圏を除く政令指定都市市街地価格指数」は、三大都市圏を除く札幌、仙台、新潟、静岡、浜松、岡山、広島、北九州、福岡、熊本10都市の平均指数である。したがって、譲渡資産である土地が札幌、仙台、新潟、静岡、浜松、岡山、広島、北九州、福岡、熊本に所在している場合には当該指数が参考となる。

　「三大都市圏を除く政令指定都市市街地価格指数」は昭和60年3月から指数が掲載されており、近年までの推移は下図のとおりである。

【三大都市圏を除く政令指定都市市街地価格指数】

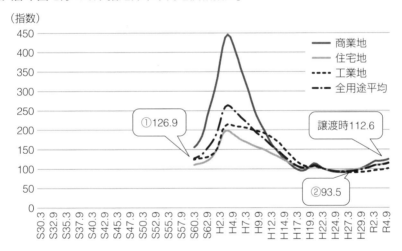

　市街地価格指数の例を挙げると、例えば、令和4年に土地を5,000万円で譲渡したとする。令和4年3月末の全用途平均の指数は「112.6」である。

　譲渡資産が昭和60年3月に取得したものである場合、平成22（2010）年を100とした場合の全用途平均の指数は「126.9」である。昭和60年3月に取得した土地を令和4年に譲渡したとすると、推定取得費は5,634万9,911円と算出することができる。概算取得費によれば一律250万円（＝5,000万円×5％）ということになるが、

第5章　市街地価格指数による取得費の推定

推定取得費によれば，概算取得費を上回るだけでなく，譲渡価額をも上回ることになる。

　また，譲渡資産を地価高騰期が終息した後の平成27年3月に取得したものである場合，全用途平均の指数は「93.5」である。平成27年に取得した土地を令和4年に譲渡したとすると，推定取得費は4,151万8,650円と算出することができる。概算取得費によれば一律250万円ということになるが，推定取得費は譲渡損とはならないものの，概算取得費を上回ることになる。

《設例》

　取得費：不明　　　譲渡時期：令和4年3月　　　譲渡価額：5,000万円

①　昭和60年3月取得のケース

全用途平均の例

	昭和60年3月	令和4年3月
市街地価格指数	126.9	112.6

$$推定取得費＝\frac{譲渡価額×取得した年の市街地価格指数}{譲渡した年の市街地価格指数}$$

$$＝50,000,000円×\frac{126.9}{112.6}≒56,349,911円$$

②　平成27年3月取得のケース

全用途平均の例

	平成27年3月	令和4年3月
市街地価格指数	93.5	112.6

$$推定取得費＝\frac{譲渡価額×取得した年の市街地価格指数}{譲渡した年の市街地価格指数}$$

$$＝50,000,000円×\frac{93.5}{112.6}≒41,518,650円$$

三大都市圏及び政令指定都市を除く県庁所在都市市街地価格指数

　「三大都市圏及び政令指定都市を除く県庁所在都市市街地価格指数」は，三大都市圏及び政令指定都市を除いた県庁所在都市30都市の平均指数である。したがって，譲渡資産である土地が三大都市圏（174頁参照）及び札幌，仙台，新潟，静岡，浜松，岡山，広島，北九州，福岡，熊本以外に所在している場合には当該指数が参考となる。

　「三大都市圏及び政令指定都市を除く県庁所在都市市街地価格指数」は昭和60年3月から指数が掲載されており，近年までの推移は下図のとおりである。

【三大都市圏及び政令指定都市を除く県庁所在都市市街地価格指数】

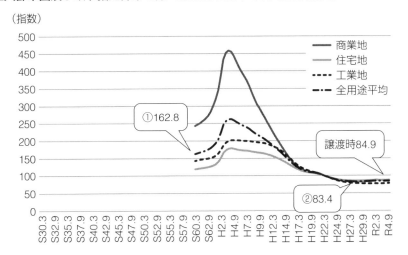

　市街地価格指数の例を挙げると，例えば，令和4年に土地を5,000万円で譲渡したとする。令和4年3月末の全用途平均の指数は「84.9」である。

　譲渡資産が昭和60年3月に取得したものである場合，平成22（2010）年を100とした場合の全用途平均の指数は「162.8」である。昭和60年3月に取得した土地を令和4年に譲渡したとすると，推定取得費は9,587万7,502円と算出することができる。概算取得費によれば一律250万円（＝5,000万円×5％）ということになるが，

推定取得費によれば，概算取得費を上回るだけでなく，譲渡価額をも上回ることになる。

また，譲渡資産を地価高騰期が終息した後の平成27年3月に取得したものである場合，全用途平均の指数は「83.4」である。平成27年に取得した土地を令和4年に譲渡したとすると，推定取得費は4,911万6,607円と算出することができる。概算取得費によれば一律250万円ということになるが，推定取得費は譲渡損とはならないものの，概算取得費を上回ることになる。

《設例》

取得費：不明 　　　譲渡時期：令和4年3月 　　　譲渡価額：5,000万円

① 昭和60年3月取得のケース

全用途平均の例

	昭和60年3月	令和4年3月
市街地価格指数	162.8	84.9

$$\text{推定取得費} = \frac{\text{譲渡価額} \times \text{取得した年の市街地価格指数}}{\text{譲渡した年の市街地価格指数}}$$

$$= 50,000,000 \text{円} \times \frac{162.8}{84.9} \fallingdotseq 95,877,502 \text{円}$$

② 平成27年3月取得のケース

全用途平均の例

	平成27年3月	令和4年3月
市街地価格指数	83.4	84.9

$$\text{推定取得費} = \frac{\text{譲渡価額} \times \text{取得した年の市街地価格指数}}{\text{譲渡した年の市街地価格指数}}$$

$$= 50,000,000 \text{円} \times \frac{83.4}{84.9} \fallingdotseq 49,116,607 \text{円}$$

8 戦前基準市街地価格指数

　戦前基準市街地価格指数は，昭和 11（1936）年 9 月末を 100 として，市街地の宅地価格の推移をあらわす指標である。

　昭和 22（1947）年以前は原則として 9 月末の 1 回，昭和 23（1948）年以降は 3 月末と 9 月末の年 2 回の調査となっている。

　全国市街地価格指数と六大都市市街地価格指数があり，それぞれ調査対象都市の市街地を実際の利用形態にしたがって商業地域・住宅地域・工業地域の 3 つの地域に分類されている。

1 全国市街地価格指数

　「全国市街地価格指数」は，全国の平均指数である。市街地価格指数の例を挙げると，例えば，令和 4 年に土地を 5,000 万円で譲渡したとする。令和 4 年 3 月末の全用途平均の指数は「88.9」である。

【戦前基準市街地価格指数（全国）】

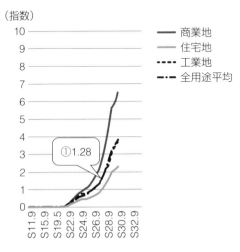

譲渡資産が昭和 27 年 3 月に取得したものである場合，昭和 11 年 9 月末を 100 とした場合の全用途平均の指数は 105.2 であるが，平成 22（2010）年を 100 とした場合に換算すると「1.28」である。昭和 27 年 3 月に取得した土地を令和 4 年に譲渡したとすると，推定取得費は 778,588 円と算出することができる。概算取得費によれば一律 250 万円（＝ 5,000 万円 × 5 ％）となるため，ここでは概算取得費の方が高くなる。

《設例》

取得費：不明　　　譲渡時期：令和 4 年 3 月　　　譲渡価額：5,000 万円

①　昭和 27 年 3 月取得のケース

全用途平均の例

	昭和 27 年 3 月	令和 4 年 3 月
市街地価格指数	1.28	82.2

$$推定取得費＝\frac{譲渡価額 × 取得した年の市街地価格指数}{譲渡した年の市街地価格指数}$$

$$＝50,000,000 円 × \frac{1.28}{82.2} ≒ 778,588 円$$

2　六大都市市街地価格指数

「六大都市市街地価格指数」は，東京区部，横浜，名古屋，京都，大阪，神戸の六大都市の平均指数である。市街地価格指数の例を挙げると，例えば，令和 4 年に土地を 5,000 万円で譲渡したとする。令和 4 年 3 月末の全用途平均の指数は「118.4」である。

【戦前基準市街地価格指数(六大都市)】

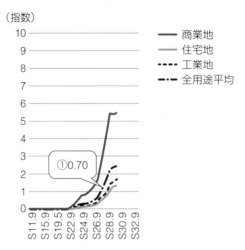

　譲渡資産が昭和27年3月に取得したものである場合，昭和11年9月末を100とした場合の全用途平均の指数は57.3であるが，平成22(2010)年を100とした場合に換算すると「0.70」である。昭和27年3月に取得した土地を令和4年に譲渡したとすると，推定取得費は295,608円と算出することができる。概算取得費によれば一律250万円(＝5,000万円×5％)となるため，ここでは概算取得費の方が高くなる。

《設例》
　　取得費：不明　　　譲渡時期：令和4年3月　　　譲渡価額：5,000万円

① **昭和27年3月取得のケース**

全用途平均の例

	昭和27年3月	令和4年3月
市街地価格指数	0.70	118.4

第5章　市街地価格指数による取得費の推定

$$推定取得費 = \frac{譲渡価額 \times 取得した年の市街地価格指数}{譲渡した年の市街地価格指数}$$

$$= 50,000,000 \,円 \times \frac{0.70}{118.4} \fallingdotseq 295,608 \,円$$

【著者プロフィール】

風岡　範哉（かざおか　のりちか）

　1978 年生まれ。税理士・宅地建物取引士。相続税の申告業務を専門に従事している。

　主な著作物に，『農地の納税猶予がスッキリわかる本』（税務経理協会，2021 年）『新版 グレーゾーンから考える相続・贈与税の土地適正評価の実務』（清文社，2016 年），『税務調査でそこが問われる！相続税・贈与税における名義預金・名義株の税務判断』（清文社，2015 年），主な論文に，「財産評価基本通達 6 項の現代的課題」第 28 回日税研究賞入選（2005 年），「相続税・贈与税の課税処分における理由附記」租税訴訟 No.8（2015 年）などがある。

譲渡所得税の計算における
取得費が不明な場合の市街地価格指数

2025年3月31日　初版発行

著　者	風岡範哉
発行者	大坪克行
発行所	株式会社 税務経理協会
	〒161-0033 東京都新宿区下落合1丁目1番3号
	http://www.zeikei.co.jp
	03-6304-0505
印　刷	美研プリンティング株式会社
製　本	牧製本印刷株式会社
デザイン	株式会社グラフィックウェイヴ
編　集	中村謙一

本書についての
ご意見・ご感想はコチラ

http://www.zeikei.co.jp/contact/

本書の無断複製は著作権法上の例外を除き禁じられています。複製される場合は、そのつど事前に、出版者著作権管理機構（電話03-5244-5088、FAX03-5244-5089、e-mail: info@jcopy.or.jp）の許諾を得てください。

JCOPY ＜出版者著作権管理機構 委託出版物＞

ISBN 978-4-419-07235-3　C3034

© 風岡範哉 2025 Printed in Japan